人人都能成为有钱人

[法] 欧利维埃·塞邦/著 张颖绮/译

山西出版集团
山西人民出版社

图书在版编目(CIP)数据

人人都能成为有钱人/(法)欧利维埃·塞邦著;张颖绮译.——太原:山西人民出版社,2010.9 ISBN:978-7-203-06956-0

Ⅰ.①人… Ⅱ.①欧… ②张… Ⅲ.①私人投资—通俗读物 Ⅳ.①F830.59-49

中国版本图书馆 CIP 数据核字(2010)第 173630 号

著作权合同登记号 图字:04-2010-028 号

Translate from French original title: Tout le monde m é rite d' ê tre riche – 2° é dition

ISBN:2-84001-618-2

Simplified Chinese translation edition published by Shanxi People's Publish House.

The Chinese translation rights were arranged through Divas International, Paris (info@divas.fr).

人人都能成为有钱人

著　　者:(法)欧利维埃·塞邦

译　　者:张颖绮

责任编辑:梁小红

装帧设计:蒋宏工作室

出 版 者:山西出版集团·山西人民出版社

地　　址:太原市建设南路 21 号

邮　　编:030012

发行营销:0351-4922220　4955996　4956039

0351-4922127　(传真)　4956038　(邮购)

E-mail:sxskcb@163.com 发行部

sxskcb@126.com 总编室

网　　址:www.sxskcb.com

经 销 者:山西出版集团·山西人民出版社

承 印 者:三河市华新科达彩色印刷有限公司

开　　本:880mm×1230mm 1/32

印　　张:8

字　　数:140 千字

版　　次:2010 年 9 月第 1 版

印　　次:2012 年 4 月第 2 次印刷

书　　号:978-7-203-06956-0

定　　价:29.00 元

如有印装质量问题请与本社联系调换

账单，房租，贷款，缴税，

信用卡透支，父母养老退休金……

所有这些压得你喘不过气的问题，

都需要你致富才能解决。

而本书作者塞邦，一个普通人，在本书中将告诉你他的致富之道。

全球有 20 个国家的读者正在与你一同阅读塞邦的财富十堂课……

我知道获取财富

专访法国"富爸爸"奥利维耶·塞邦

《钱经》专访塞邦

《我知道获取财富的秘密：专访法国“富爸爸”》

人就要和有钱人做生意

《理财一周》专访作者塞邦

《想成为有钱人就要和有钱人做生意》

成为富翁是一种技巧

书名：《人人都能成为有钱人》

作者：（法）欧利维耶·塞邦

定价：29元

评分：5.0

出版：山西人民出版社

《北京晨报：成为富翁是一种技巧》

根深蒂固的金钱观

所有人都应该有钱，尤其是在中国！

《新财经：根深蒂固的金钱观》

塞邦的财富故事和理财观念引入中国后，同样引起了媒体的热烈报道和中国读者的喜爱，他这本作品也持续位列畅销书排行榜，无数的读者对塞邦财富十堂课纷纷留下感言……

“普通人最好的致富经”“比别的理财书对财富探讨更加全面而深刻，不只是局限于对前面财富理念的探讨”“带着塞邦的十堂课踏上创业之路”

媒体推荐

出身草根的法国著名理财师
欧利维埃·塞邦的传奇致富故事轰动了整个法国

“我们在学校从来没有学到的知识将会在这本书中学到。金钱不仅仅只对一人造福，它将贡献于大众！”欧利维埃·塞邦32岁便已是一位百万富翁并开创了自己的公司，他将在他的书《人人都能成为有钱人》中介绍变富有的秘招，能使我们在面对金钱时，拥有冷静的头脑，谨慎地踏上投资的第一步！

发财可以从工资起步，甚至从微薄的薪水开始，根据不同情况选择相应的方法，此书将会演示相应的步骤，从赚得成本几十倍的利润到几十年后拥有相应的几千万的额外资金。首先第一

步得改变我们原本的理财理念和改进我们处理金钱的方式。对于一些错误的观点和禁忌都要不留情面地批判。

法国电视2台《早间新闻》

……………………………………………………

现今，法国人都在讨论《人人都能成为有钱人》。欧利维埃·塞邦说："所有的事都是可以变通的，只要你拥有判断的能力。进行谈判就犹如第二次新生，我在《人人都能成为有钱人》中会详细谈到。

法国著名财经杂志《理财家》

……………………………………………………

与大多数人认为和相信的理念恰恰相反——不是一定要有钱，才可以变得更有钱。欧利维埃·塞邦认为发财可以从微薄的薪水开始，而且还可以根据不同的情况选择不同的战略，例如如何不花一分钱就可以购买不动产，如何在相同的情况下让你的金钱投资比在银行高出5倍到10倍。他将给大家展示理财的关键，并系统地将其归纳为3大板块：资金积累、资金投资和资金维护。

法国《通告》期刊

……………………………………………………

家庭理财,储蓄是基础,列出财务清单是关键。到了购物市场需树立坚定的信念,保持冷静的头脑,发挥卓越的辨别力,并要尽可能利用网络资源。

著名时尚杂志《Glamour》

理财观念大发现:无须发财前必先有钱。欧利维埃·塞邦探索发掘新的理财理念,从而能赚得更多的金钱。他将揭示怎样在他 32 岁就已成为百万富翁的“秘诀”。

法国《经济平台》杂志

欧利维埃·塞邦作为企业的领导人,成功的作者,他相信全世界的人都该有钱。他发现这是人人发展的问题,必须坚信,未来是可以创造出人们理想中的富裕。金钱不能创造好运,这才是真正的谎言!

法国《画刊》

未来您是否可以变得富有，如何通过 5 个阶段实现舒适的物质生活,如何精算每日经费改变未来十年生活。《人人都能成

为有钱人》的作者欧利维埃·塞邦将会给予您最好的建议。

法国著名女性时尚杂志《ISA》

《人人都能成为有钱人》的作者塞邦现在已经变得家喻户晓。这位百万富翁在书中透露出来的简单的致富原则,足以使我们每个人都变得富有。

瑞士著名经济周刊《财富表》

谁都不想成为吝啬鬼——阿尔巴贡或是大财主克罗伊斯,但谈到欧利维埃·塞邦,“变富”这词对他而言似乎一点也不牵强。他曾经强调:“真正的问题不是我们要赚多少钱,而是得关注我们该如何赚钱。财富的拥有不是简单地靠聪明的头脑,也不是单纯地靠运气。”他的作品一经出版就产生热烈反响。他做客电视台,将书中内容以3个板块简单易懂的模式展示给观众,在之后的短短4个月中,便创出了非常棒的销售佳绩!

法国卡罗利娜·阿尔诺的文章《着手做》

一份赚钱秘方!就算没有足够的消费能力,欧利维埃·塞邦的秘方也能让您赚钱。32岁的他便已是一位百万富翁并开创了自己的公司，书中介绍的秘招简单易懂，他认为发财可以从微薄的薪水开始。

法国《普罗旺斯报》

欧利维埃·塞邦能让我们都变得有钱。他教给大家正确的投资方法，使大家比现在更能赚钱。他反对那些传统的观点，尤其是发财必先有钱这一错误观念。

法国《南方日报》

当然，书的畅销也得益于欧利维埃·塞邦成功开创个人企业的历程。他的作品《人人都能成为有钱人》至今已修订过9回，这足以证明此书的可读性。书中编录了许多妙招，比如建议您如何最快地偿还卡债，如何有效管理闲散资金……

法国经济期刊《经济早报》

目　录

中文版序言

所有人都应该有钱，尤其是在中国！

我有三个好消息要告诉你们：

如今，中国越来越受到世界的关注，而且我相信，在未来的几十年里她将会有广阔的发展前景。现在，这个千载难逢的机会就掌握在你们手中。

第二个好消息是：对于致富和改善我们的生活这件事情，从来没有像现在这样容易过。因为财富随处可见，只要潜心学习致富方法，你就可能拥有它。

最后我想说，大部分人都认为，要先有钱才能致富，这是错误的。首先，你需要有动机和目标，当然还要学习必要的金融知识，才能更加合理地使用金钱来改变你的生活，得到你真正想要

的东西。

然而首先你要肯定自己的能力，认为没有人比你更强更聪明。我重申一次:没人比你更强更聪明！你应该确信在你的世界里,你自己是最重要的。另外,要想改变生活品质、取得成就,你就要行动起来,学会理财。仅此而已！

你们可能会说这些听起来太容易了,但这绝对都是真理。成功人士和平庸的人的唯一区别就在于成功的人采取了行动,而失败者什么都没有做!

现在我要告诉你们一个秘密，这个秘密以前我从未在任何一本书里提到过:无论在哪个国家,都有一些人宁可做一些非常简单的工作,也不去做能改变他们生活的事情。他们把所有的机会都放过了,留给了别人。

看看你们周围,所有人都希望自己变得更有钱更幸福,但是有多少人正在为达成这个目标而努力着呢？5%？10%？

行动起来吧,学习正确的理财方法,我保证你们会拥有让别人嫉妒的财富的。

这本书将会为你们指明通往成功和致富的道路，仔细阅读书中的致富方法并加以运用，我相信你们的生活一定会有所改变。

再见！

欧利维埃·塞邦

前　言

要是金钱无法让你幸福，就把它抛开吧！

——朱勒·荷纳（Jules Renard）

错误观念与真相

“为什么有些人能够成为有钱人，而另一些人穷尽毕

生之力也无法翻身？”致富的障碍究竟属于物质、精神，还是心理层次？我敢断言，不晓得该如何着手才能致富的人，永远也不会变有钱；但只要接受适当的金钱教育，并抱持坚定的致富决心，人人都可以成为有钱人。

早鸭子学游泳，永不嫌迟！

本书不只讨论金钱，也提到了人生，以及该如何做才能让金钱为你效力，让你越变越有钱。

首先，抛开那些大家从小就被灌输的观念、所有对金钱的成见，以及金钱是万恶之源的论调。这些观念只是父母、学校在精神、金融教育方面的产物，是基于对金钱的猜疑，以及对金钱基本运作规则的懵懂无知。它们只会助长、强化大家普遍接受的错误观念，导致我们作出不当决定，或是对金钱抱持过于绝对的看法。

一般而言，这些“伟大观念”大多错误，它们只会导致大家萌生不符合现代生活的心态。将这些观念和谎言奉为圭臬，直接结果是加剧贫富差距。

以下两处矛盾就证明大家对于金钱的行为态度多么模棱两可：

- 绝大多数人渴望拥有金钱，金钱却普遍受到厌恶。穷人借此合理化自己的穷困状态；富人选择低调生活，不愿张扬。

● 许多人都希望赚更多的钱，却鲜有人试着去真正弄懂金钱运作规则以获取最大利益。这样畏首畏尾的行为，多半源自对金钱基本运作规则的懵懂无知，或是担忧他人的看法。

然而，我们天天都在使用金钱。“有钱人”懂得让金钱为自己效力，对未来毫不忧心。而“穷人”则引颈期待每月的发薪日，一旦要把金钱投注在日常开销以外的地方，便担心可能会失去它。在机会来临时，这种胆怯心理往往麻痹或阻止了他们行动。如此一来，他们就错失了跻身“有钱人”行列的大好良机。

人人都需要填饱肚子、有房子遮风避雨，社会生活首先就是经济关系，金钱在日常生活中无处不在。这也意味着我们的经济行为和决定将不可避免地左右生活质量。所以，我们只有两个办法来应对：继续发牢骚，或是驯服金钱。

如果你真心想致富，但却跟金钱“闹翻”，我劝你尽快和它“和好”为妙。事实上，你要是压根不喜欢金钱、不学着认识它，那么它绝对不可能为你效力。

致富本身就是一项人类的伟大冒险，也是独一无二的生活体验。然而我们发现，大家从没准备好正确地面对它，学校教育更强化它神秘的一面，因为金钱总是被拒于课堂主题之外。学校仅仅传授职场生活的知识，却“遗忘”了日常生活的

经济层面。结果，由于对金钱运作缺乏认识，大多数年轻人陷入消费社会圈套，毫不犹豫地滥用信用贷款来支付现代生活的“玩具”，导致了许多还不满25岁的人已经负债累累。

更糟糕的是，这些人进入职场后，又毫不犹豫地复制父母的生活模式。他们一生为了支付账单、偿还贷款、缴税而卖力工作，一心仰赖政府来照应退休后的生活。就这样，他们不再是为了生活而工作，而是为了工作而生活。

金钱，禁忌和错误观念

有些国家的人对金钱的态度比较实际，而追求浪漫的法国人对金钱的鄙视，想必大家都略有耳闻。由于世俗力量的影响，许多人都笃信几乎不曾经过验证的观念，正是这些似是而非的观念导致人们的不当和错误行为。

一般而言，这些行为立基于心理或行为主义层次的观念——所谓的限制性观念。这些观念只会筑起栅栏，阻止我们付诸行动，同时生出这类借口：“我办不到，我没有时间，我没有钱。”因为保持一无所知、不去行动、什么也不改变会更容易。

还有一些人，为了因循旧规，为了方便起见，为了省却心力，他们倾向复制父母旧有的模式生活，因为遵循主要典范（来自父母），等于不冒风险！所以不需质疑任何事，他们继续留在恶性循环里。

这些使人不作为的错误观念通常毫无根据。依照经济学研究报告，世界上80%的财富掌握在20%的人手里。因此，多数人代代相传的观念只会让大家因循惯有、无用且从未被质疑的旧模式。在这些观念引导下的行为和致富目标背道而驰，但它们却被一般人所接受，埋入被称为“行动潜意识”的底层，成为我们每天不假思索而执行的行为。

让我们一一来检视其中最重要的几项观念，看看我们可以改变哪些行为以便达成致富目标。

金钱不会带来幸福：错！

“金钱不会带来幸福”，这肯定是史上最大的谎言！如果你还是不信，找个穷人问问看。只有乌托邦主义者坚信或者还愿意相信金钱和幸福之间毫无关联。我不晓得是打哪里蹦出来的理念，但我肯定它是来自想藏私的富人。即使拥有金钱不能保证幸福，我认为多数人还是会同意金钱依旧有举足

轻重的作用。

不可否认的是，如果你懂得使用金钱来让心爱的人过上舒适的生活，那么它绝对是你最忠实的盟友。金钱会让人摆脱对明日的忧虑，尽情享受人生和生命的乐趣，同时带来有益身心的平静感，让你能够充分发展自我。

财富来自剥削他人：错！

“财富来自剥削他人”，这只是人们不愿行动的托词，或是让人对寻求致富的人产生负面评价。我们都知道，贬低付诸行动的人要比亲自行动来得简单得多。

这类观念也可以用来合理化自己对金钱的一无所知，并得到大多数正统思想派的认同。事实上，我要带领各位做的投资，纯粹上、基本上都是互惠互利的关系。你们买入股票的时候，即使不晓得卖方的确切身份（因为淹没在交易洪流里），你也并未剥削到对方。一般情况下，卖方是评估股价将要下跌，或是已经有足够获利了，他才卖出股票。至于你这方，则是认为股价将攀升才决定买入的。双方抱持的理由截然不同，才使交易得以完成，但没有一方受到欺骗。

致富需要花很多时间：错！

“致富需要花很多时间”，这一定是懒人的观念！除了几个相当特殊的案例，我没见过有谁可以在几天时间内致富。就像种树一样，至少需要一点时间让树木抽芽成长，才能结出财富果实。但也别认为致富需要花上20年或30年时间。大多数人能在几年之内，赚得让未来生活安稳无虞的财富。

财富显然不可能自己掉进你的口袋，你总得奉献一点致富所需要的工作时间吧。比如说一个月花30分钟……而且不是每个月！就执行层次而言，致富不会比变穷花上更多时间。致富更等同于看待事物的方式。只有思考方式和思维性质可以左右你处置金钱的行为，并决定你将走向致富之路还是继续贫穷。

得先有钱才能致富：错！

“得先有钱才能致富”，这又是一个限制行动的观念。你要是同意这个原则，就等于在说，生来穷困或一贫如洗的人根本用不着追寻财富。我从各位家无恒产的角度出发，在本书里提出致富策略，我明确证明只要遵从简单、人人都办得到的策略，你也可以成为有钱人。而且你会发现，平凡人在金钱这个领域可以取得惊人的成就。

你唯一需要有的是想要变有钱的欲望。

只要有好工作就能致富：错！

想一想父母是怎么说的（或许你也对孩子这么说）："好好用功读书，将来才找得到好工作。"这是大多数父母对孩子的反复叮咛。因为每个月有薪水入账是令人安心的方案（特别是对他们而言）。不过，如果你真心想要变有钱，实情大不相同。读一读《财经日报》或是《时人杂志》（People）描述成功人物A先生或B先生的报道，里面没有任何一篇提到他们靠着每天规规矩矩上班而致富。

我不是说你在公家单位工作就无法变有钱，我只是说你很难单靠一份死薪水致富。相反的，跟所有没有财产的人一样，你的工作跟（或是）你的工作能力都是重要资产，只要正确运用，它们将是你的第一个财富泉源。我在后面会传授该如何充分利用这两项资产走向致富之路，跨到有钱人那一边。

真正的答案，也是致富的方式之一，不是勤奋工作，而是聪明地工作。卖力工作能够让你加薪，但事实上却是使用金钱的方式决定你的未来。目标是拥有两份工作：一份是你的工作，一份是让你的金钱工作。尽可能充分运用金钱，它将会成为你最忠实的仆人，一天 24 小时，一周 7 天为你效力。

别认为致富得花上许多时间和精力。说来矛盾，聪明的致富指的是花费最少的力气得到最大的结果（我会在稍后的篇章详细说明）。

非致富不可

2005 年 4 月 28 日，《解放报》（*Libération*）一篇《薪水什么也买不到》（*Pour un salaire t'as plus rien*）的报道，提及法国收入与消费研究中心的研究报告。兹摘录如下：

只拥有薪水收入的家庭，近20年来的生活水平不断下降，法国收入与消费研究中心周四公布的报告指出，"薪水族的生活"已倒退回50年以前的水平。研究报告指出，"近来要求加薪的呼声并非是因为股市暴涨而引发的错误期待"。自1970年末起，平均基本工资"几乎不曾提升"购买力。

过去25年的购买力增长比例较小，每年介于0.2%到

0.3%之间,“远远低于法国平均生活水平的增长”,收入与消费研究中心指出,“平均基本工资的购买力停滞状态,远比工薪阶层平均学历的提高程度,更令人震惊”。

收入与消费研究中心估计,以相同学历条件来看,自1978年以来,平均基本工资的消费力约下降了4%到8%。这一衰退现象涵盖所有公家单位及民营企业的工薪阶层。

自1982年以来,只有薪水收入的家庭生活水平“大幅衰退”。1990年前半期骤降,1997年起趋于缓和,2002年到2003年间再度下降。收入和消费研究中心指出,“现今受薪或失业家庭的生活水平相当于20世纪50年代中叶”。

这种状况并非仅见于法国。所有国家的状况毫无二致:

- 富者越富。
- 贫者越贫。
- 贫富差距不断扩大。

看起来没有改变的迹象……

所幸情况并非无可挽救,不过除非中乐透彩票(一千四百万分之一的几率)或是从未曾谋面的叔叔那里继承巨额遗产，否则你的钱包不会自动装满钱。你该由自己掌握财务命运。

要是你想给自己和孩子一个安稳的未来，或者是打算替他们留下遗产，那么你得现在就开始行动。如果你一味指望由国家来照顾你的健康和退休生活，那么你等于拒绝正视现实。如果你只晓得做一件事——老是依赖国家来解决问题的话，那么你永远是穷人……

几十年来，有些国家的政府无力解决失业、退休、医疗问题，还不断提高各种税负来掩饰无能和弥补财务赤字。某些国家补助最终会面临巨大变革，甚至缩减。就算工会愤而展开罢工，空空如也的国库也不会变满。

昔日完善的社会保险制度面临130亿欧元的亏空，也变得不再保险。很显然，它不可能永远提供给大家相同质量的医疗服务。基本上是穷人和中产阶级蒙受最大损失并承担后果。近来的医疗制度改革要求被保险人不论贫富，均须自行负担部分诊疗和住院费。没那么仰赖制度的富人毫不在乎，他们心甘情愿付钱给专业医生；穷人也同样给钱，但心却在淌血。

退休金制度也一样。提高缴费年限对穷人的影响尤其大，他们只得更卖力工作，工作得更久。这意味着他们享受退休生活的时间缩短，甚至他们除了支付自己的退休金，也支付了富人的退休金。

失业津贴也是同样的状况。失业金发放局和失业金管理局的赤字高达140亿欧元！我对社会保险制度的看法在这里也完全适用。我附带一提：在我看来，失业救济金太过吸引人了，完全无法激励人去工作。它们本来应该是资助失业者在待业期间的生活，而不是用来取代薪水的。绳索拉久了会断裂！假如继续滥用这项制度，往后的子子孙孙将再也无法享有失业救济。

我不是在批评政府，只是客观分析每个人有可能承受的经济冲击。政治人物会轮替，也许日后会制定新法律来应对不同状况。在那以前，每位国民最好认真考虑未来，别再老是完全依赖政府。

心得：你非靠自己不可。假设你不来掌控自己的生活，别人会替你做。你要知道任何后果和成果取决于他的能力、意愿或是道德观。如果你还在仰赖他人，你就危险了，或者你还相信有圣诞老人。

时事新闻每天证明未来潜在的不稳定性。我不是说一切都如此黑暗，而且最糟的事必然发生。何必要冒险呢？更何况预先防范生活的突发状况并不是困难的事。办法多得是，但必须得通过致富这条路来实现财务独立。

通向致富之路

来谈谈正面部分和第一个好消息：致富是可能的事，而且大多数人都办得到，可以说非常简单。只要真正有心，有致富的意愿、欲望，而且由衷相信自己办得到。当然人人都想成为有钱人，可是钱不可能奇迹般地涌入你的银行户头。唯有你的行动和决定才能让致富成为可能。

我由经验得知，你们有些人会把这本书当做单纯的脑力激荡，读完随即抛之脑后，而也有另一些人则认真看待我所说的一切。不管是哪种状况，只要你相信本书带来的好处，请不要吝啬于和其他人分享书中内容。

运用我接下来会详细说明的原则，扎下众人羡慕的财务自由根基，你将会把未来握在自己手里。你们有些人读到这句斩钉截铁的话恐怕心存疑虑，不相信一本 20 欧元的书能让自己越来越富有。想得没错！尽管心存怀疑，直到你亲自确认过本书所言不虚再相信。这是正确吸收这些新知识的唯一方式。

本书目标

这本书提供学校从来没教过的金钱知识。以我自己为例：我不是又懒又笨的学生，可是因为课业成绩不佳被退学三次（初一、高一及高三）。我却在32岁时达到财务自主，成为百万富翁。我不是说你不该去上学，完全相反，我认为良好的教育是成功的重要优势，不过还不足以致富。只有财务教育和合适知识可以让你在最佳状态下发挥理财天赋。

本书的使命不是让你成为亿万富翁。超级富人只是特例（全球约400人），他们不是我们感兴趣的焦点。相反的，你会发现走上致富之路，在未来十年赚取数万或数十万欧元是相当容易的事。

本书不只针对那些想跻身富人行列和想致富的人，同样，它也写给所有希望学会理财的人。在接下来的篇章，你会读到具体且实用的建议，特别是确实有效的策略。书中绝大部分的例子都是真实案例，其中一些附有佐证。所有的结论和看法都以真实经验和经济现况为依据。

你也会发现致富并没有神奇公式，只有可轻易复制的稳赢方案。你越快融会贯通，就能越快打下未来致富的基础。

你不晓得自己已经是有钱人

本书的目的在于提供经济生活中心要素——金钱的使用说明。它将协助你针对致富目标来改变行为,并开始用富人的方式思考。你将学习运用一切个人资源,实践所有人都拥有的才能,由我们的第一项资产——工作开始。

我会告诉你如何运用富人喜爱的致富工具,你会发现一般人也能使用。

我试着让本书吸引人、易读,尽可能引发各位的兴趣。你再也找不到任何一本(至少就我所知)如此具体说明致富和成功方式的书。我希望本书是此题材的先驱。

第一点要阐明的是:我在书里表达的世界观完全二元对立。你不是富人就是穷人。假如我以过于斩钉截铁的方式使用这些字眼,请别感到不快。这些字眼只用来形容典型的行为模式。我晓得世界并非黑白分明,在两个极端之间存在着无数可能性。

我要阐明的第二点:书中列举的大部分案例或多或少和我直接相关。我写书的目的不是记述个人的辉煌成就,而是为了证明致富确实是可能的事,而且一点也不复杂。

现在想象你正参与我讲授的课程“致富的十堂课”。

1

迈向富裕之路的第一步

知识:从贫穷到财富的快捷方式。

怎么做才能变得有钱?

我用一个问题开始这堂课:

“为什么有些人能够致富，另一些人即使付出许多努力,也永远无法成功?”

“因为他们比另一些人机灵。”

或许没错,可是你如何定义“机灵”?

有人犹豫了一会,最后说:“机灵代表聪明。”

姑且如此认定。那么你身边有多少人是既富有又聪明的

呢？没有人回答……事实上，一些研究证实聪明的人和富有的人之间没有丝毫关联。

这人不屈不挠，又说："聪明表示有学问。"

很好。那么你认识几位又有学问又富有的人？5个，10个，20个？如果有钱是学者的特点，这表示大部分的教师、教授、研究人员和其他博学多闻的人都是有钱人。不过，在下文中你会看到财富和学识修养水平完全无关。这不表示有学问的人致富的机会比较少，而是说明学问并非致富必要的先决条件。

"有人总是在正确的时间出现在正确的地点，因此致富。"

你是说他们运气好？

"呃……他们比其他人更幸运。"

运气确实占有一席之地，这个主题也饶有趣味。我稍后会详谈。目前来回答另一个问题。你认识的人有谁因为运气够好，经常靠赛马或赌博赢钱而拥有财富吗？是否还有其他建议？

"有人靠继承遗产变成有钱人。"

没错。可是实际上可以发现，只有极少数人从中得利，你晓得50%的人一生累积的财产不到10万欧元吗？这笔财产由数个继承人均分,更别提政府还要抽税。而且人的平均寿命越来越长,靠继承致富的机会越来越罕见。这给了你额外的理由，你得靠自己来拥有更好的生活和安稳的退休岁月。即使遗产是财富的一项来源,也是少见的例子。

“有些人因为拥有特殊才华而致富。比如运动员、演员、投资家或是畅销歌曲的作家。”

完全正确。有些人靠别人没有的天赋而变得富有。不过,靠才能致富比靠遗产致富更为罕见,只占人口的极少数。你晓得在 2000 年,全世界只有 1000 万人拥有超过 100 万欧元的财产吗？可是并没有 100 万个布鲁斯·威利斯(Bruce Willis)、齐达内(Zidane)或是米克·杰格(Mick Jagger)……

一开始的问题还是没有答案：为什么有些人能够致富，另一些人即使付出许多努力,也永远无法成功？现在已经排除掉特例,还有其他理由吗？

致富的真正秘诀

以下是致富的真正秘诀。简单到你会认为是理所当然的。它包含这几个字：

有钱人之所以有钱，是因为他们知道如何获取财富。

他们之所以知晓怎么做，是因为他们从别人那里或者靠自己学习到获取财富的方式。我再重复一次：他们懂得如何获取财富才能成为有钱人！

“你是说富人和穷人的唯一差别，只是富人懂得如何赚钱？”

不对。大家都懂得如何赚钱，包括穷人。我们每个人都知道有工作就有薪水，也就是钱。不只是有钱人才知道这个道理。我想说的是，穷人和富人间的根本差异在于富人懂得如何变得有钱，运用所有必要机制来达成致富的目的。你在稍后的篇章也会看到，赚钱和获取财富完全是两码事。

另一个重点：你如果不懂得怎么让金钱自己工作，那么，即使你赚很多钱也不能保证你明白如何致富。许多人一生中赚了许多钱，可是到头来比那些收入微薄的人更穷困潦倒。这是许多艺人和运动员的状况，他们精通唱歌或是踢球，却对金钱一无所知。就拿拳王泰森(Mike Tyson)来说，他在拳击生涯中的总收入超过一亿美元，但现在他却睡在流浪汉收容所。假如你听过他的故事，你会说他被身边的人欺骗才致破产的。没错。可是最主要的原因是他从来不曾关心过自己手头的钱。

对照之下，许多只有判断力和毅力的凡夫俗子，靠着比昙花一现的演艺圈人士少上百倍的收入却成功致富了。

要成为有钱人，你只需要知道该做些什么，以及如何行动。仅此而已。你不需要是最聪明、最有才华（我稍后会再提到任何人都有的才能）或是最幸运的人；你不用换工作，或者持枪去抢劫。你只需要学习如何获取和创造财富。

这个伟大的秘密是否可以传授给任何人，让他奉行此原则，变得有钱？答案是可以。

你尤其会发现致富有多愉快。你乐在其中的同时，你会开始欣赏财富带来的舒适、安全感、独立和自由，同时发展自尊和自信。

财富和它带来的一切并非真的难以获取，但只有真心想致富的人，也就是那些依靠判断力行动，并在正确时刻做出必要行动的人才能得到。几世纪以来都有人办到，只要金钱以任何一种形式存在，在未来漫长的日子里，致富都是可能的事。

“所以对你来说，致富可简单归结为一件事：懂得如何致富？”

就是这么简单，但却又是很困难的。你要是不知道如何去做，你显然难以做到！你要是不懂得如何致富，你恐怕很难达到目标。让我来讲述一个真正的传奇故事。

两亿美金的课程

1983 年在美国进行过一场绝无仅有的实验，来证明股市投资的成功并非取决于特殊才能，而是实践明确、人人可行的投资方法。

为了证明这个理论的真实性，发起人在几家财经报纸刊登大幅广告招揽人选，挑选出十余人参与实验（你瞧，21 世纪的电视真人秀不是凭空而来的）。被挑选出来的人，身份和背景截然不同，包括小学教师和职业扑克牌选手。这些人被称作海龟。

经过两周的致富培训，实验发起人提供给每位海龟一个账户进行交易。有些人过分渲染故事的传奇色彩，宣称一开始投入的本金只有 400 美元。事实上，每个账户里平均有 100 万美元。

数年后，实验结束的时候，这些海龟总计获取两亿美元的收益！

即使这个故事听来神奇、不可思议，但只要把目标定在能力可及的范围，别认为你无法复制相同经验。不过你要知道海龟们成功的唯一、仅有的原因，不在于他们天赋异禀，而是——他们学习如何去做……

就像许多事情一样，要在一个领域获得成功，是接受适合教育的结果，而不是运气(要赚取两亿美元绝非偶然)。这句话对你的个人致富也适用。你会发现财富不是来自特殊才能，而是实践明确、完全可仿效的原则，只要你有心去做。

“所以你断言，有钱人之所以有钱，只因为他们比其他人更懂金钱？”

当然。就算需要付钱才能进行学习，他们也毫不犹豫给自己投资。我猜你会觉得这句话很有道理，可是我总是惊讶地发现极少人投资于自己的教育，不管是财务或其他教育。好像他们一从学校毕业，就把学习一事抛诸脑后。所有人每天都通过幸与不幸的经验来学习。你如果有办法从中汲取任何收获，你会比其他人进步得更快。

“你说过的致富行为模式，这是什么意思？”

我们稍后会谈到。毫无疑问，运用这些行为模式，你会越来越有钱；要是背道而驰，你会越来越贫穷。不过，首先——

先通过学习来弄明白，随后付诸行动……

我的第一个建议:永远不要停止学习。世界变动不居,今日的变动又比昨日更快。昨日还正确的事到了明日不一定如此。假如你觉得知识过于昂贵,那么就保持无知吧。

停止唠叨不休,现在进入问题的关键,一起来学习致富之道。

2
起点

TV

50%
Sale

Shop
now

$
支付配

如果生活必需品涨价十倍，

多数人将会少受非必需品的诱惑。

——沃林斯基（Wolinski）

既然你明白了行动前先有知识的重要性，下面我将揭露致富的关键。不过，你要知道，要是你不将这些原则付诸实行，你不遵照我指出的过程一一实践，你学到的一切将毫无价值。我强调动机与行动的重要性，因为我从经验得知——

知道该去做不表示会去做！

致富过程分为三个阶段：

- 储蓄是起点:积累一笔金钱,以供接下来让钱生钱。
- 用投资让钱生钱,源源不断创造财富。
- 保护财富。望文生义,也就是确保财富安全无虞。

先支付给自己

现在先专注在第一部分:储蓄。让我用非常简单的数学公式来说明:

储蓄=收入-必要支出

"收入"包含所有流进你口袋的钱。"必要支出"等于你所有必要开销。现在你能否告诉我,如果收入等于支出,储蓄会是多少?

"假如收入等于支出,储蓄会是零。"

完全没错。这也是绝大多数人无法致富的原因。看一下致富的第二阶段——投资,假如你一无所有,显然无法生出任何钱。你得先存钱才有办法创造出财富。因此致富的第一个秘诀在于:不管你赚进多少钱……

你必须先支付给自己。

“先支付给自己是什么意思？拿我自己来说，我每个月都有薪水进账。每个月也被扣税款。我才不可能先支付给自己！”

好吧，姑且这么认为。你每个月赚多钱？付多少税？

“我赚 2500 欧元。我每个月差不多付 400 欧元税金，剩下的归我自己用。”

所以你每年可以存下（2500－400）× 12＝25,200 欧元。我没算错吧？

“不对。我每年还存不够 1000 欧元，而且不见得每年都存。”

可是你刚刚告诉我：“我付税金，剩下的归我自己用！”

“是没错，可是我得用剩余的钱买衣服、缴房租、付油钱和买食物。总之是每个人都需要的日常开销。”

我再计算一次。付完税款以后，你每年赚入 25,200 欧元，到了年底还剩 1000 欧元，所以说你先支付了 24,200 欧元给房东、加油站、超市，剩余的再留给自己。是这样吗？

“对，可是我从来不曾从这个角度来看。”

好。现在假设你把次序颠倒过来。也就是说你先把钱支

付给自己,再拿剩余的钱付给别人。比如每个月固定拨收入的20%给自己。你会留下多少钱?

“差不多500欧元吧。”

依照这种假设状况,你每年可以存下6000欧元,拿剩下的钱支付给商人。当然,你得调整必要支出来适应这种方式。也就是说,你可以用来支付日常开销的预算不再是25,200欧元,而是19,200欧元。

“我明白你的意思,我确定有些人有办法精打细算,减少大笔支出,不过我办不到。我尝试过好几次,从来都存不了更多钱。我绝不可能先支付给自己20%,恐怕连10%也办不到。”

你真的相信自己刚说的话吗?其实,你刚才这段话,总结了所有时代对致富一事所存在的最大谬误,也是最普遍的观念,像是“我办不到,所以用不着做”,特别是“我试也不试,不认为这样有任何问题”。认定一件事绝不可能达成,等于阻断完成它的一切机会。

另外,如果你刚刚的这番话千真万确,我今天也不会在这里上这堂课。因为如此一来,世上的人唯有通过先前提过的特殊因素——靠运气、才华或继承遗产,才能变有钱。

这无异在说你绝不可能致富,因为你(目前而言)没办法用别种方式理财！认定自己无法调整支出的同时，你不只给自己划下财务限制，也筑起阻碍致富的心理障碍。你所构建出的事实只是限制性信念。你在思索该如何办到之前就表示“绝无可能”。我要告诉你，如果你不改变行为，特别是思维方式，恐怕无法顺利致富。

从今天开始，别再说“我办不到”，而是说：“我该怎么做才能达到？”我不是说你一定做得到，只是这样一来，至少可以促使你考虑其他解决之道，而不是排除其他可能性。试着做做看。我相信在80%的情况下，你会找到其他替代方案，或者起码是其他方法的一点端倪。

我们现在感兴趣的问题如下：该怎么聪明地消费，好省下钱用于投资？

“用不着你说，我也晓得有储蓄才能致富。我早就知道这一点。这说起来太简单了，不可能真正有效。”

对，你或许早就知道了。可是你付诸实行了吗？

“没有！”

我早就告诉过你。事情显得过于简单的时候，我们往往认为自己早就知道。最惊人的是：越是简单，我们越难以置信。最后啥也不去做！然而，每年都有数以百计的人靠股票或房地产投资成为百万富翁，因为他们懂得规划每月收入用于投资。

我要来讲周遭三个家庭的真实故事。当然都是化名(免得得罪人)。

入不敷出的克拉图家

文生与凯瑟琳·克拉图有两个孩子。夫妻俩都在工作,月收入合计 4000 欧元,但凯瑟琳是临时工。两人各有一辆用贷款买的新车,不久前买了房子。因此每个月得缴房屋和两辆汽车的贷款。

他们的必要支出(包含日常开销)略多于收入,也就是每个月 4200 欧元。克拉图夫妇有时得动用存款来打平每个月的轻微超支。他们存不了钱,遑论开始致富,因为他们完全没办法有结余。

更糟糕的是,凯瑟琳一旦暂时失业,家庭收支势必严重失衡,克拉图家将陷入经济困境。

另一种“月光”的马帝维家

马帝维家的情况则截然不同。娜汀和皮耶·马帝维也有两个孩子。皮耶是律师，妻子是室内设计师。两人每年收入有12万欧元。由于偿债能力强，他们贷款买了大房子，还在法国南部买下度假别墅，虽然他们一年在那里至多待上五个礼拜。为了装潢这两幢房子，他们无所节制地申请各种消费性贷款。两个孩子都还未成年，他们却拥有三辆簇新的车，也都以贷款购买，三辆车的总价几乎相当于一幢度假别墅的房价。他们加入该区最高级的健身俱乐部，孩子们就读于最好的私立学校，还雇用一名全职管家来打理家务、照顾孩子、准备三餐等等。最后，他们的日常生活消费贷款与自住的房屋贷款不相上下。

为了显示事业的成功和邀请客户、朋友来做客，他们必须经常举办喝香槟、吃小点心的宴会。由于娜汀需要展现身为室内设计师的好品味和才华，她必须追求时尚潮流，而这势必导致反复、可观的夸耀性消费。他们越是功成名就，越得讲究排场，稍有闪失，将成为当地布尔乔亚阶级避之唯恐不及的对象。

娜汀和皮耶的支出起伏相当大，有时每个月可存下1000欧元。不过，因为他们花钱毫不吝啬，时常会动用到储蓄金，稍微存下的钱都化为乌有。

每个人都有必要支出，马帝维家的支出却过于可观。他

们心知无法长期如此，随着孩子逐渐长大，他们的必要开销只会增加。他们商量过几次，却无法真正做出妥协，改变生活状态。由于两人的收入依接案多寡而定，一旦有三或四个月生意清淡，他们可买不起小点心了！

聪明的苏帕利家

莫丽和罗杰·苏帕利有 3 个孩子，住在首都郊区，罗杰在印刷厂工作，莫丽是市公所员工。她管理财务大计，清楚掌握家庭一切收支状况。

夫妻每个月各有 1250 欧元收入，也就是一年总计 30,000 欧元。他们得缴付 1000 欧元的税，各种津贴补助总计也有 1000 欧元。他们拥有一辆二手车，他们唯一要负担的费用是 10 年前购入房子的贷款，再过 5 年就能清偿完毕。即使两人有余裕还负一点债，他们也一向只用现金购物，从来不申请无谓的贷款，因此没有无谓的利息支出来加重负担。

他们已经结婚 20 年，每月固定存下收入的 15%，也就是每年 4500 欧元。他们目前拥有 156,237 欧元财产，而且继续存钱，并以年利率 5%的储蓄存款来钱生钱。就算夫妻任何一方工作遭遇挫折，苏帕利家也不会陷入困境。

“我懂你的意思。不管赚进多少钱，我们往往将收入全部花光，最后必要支出总是等于收入，也就是所谓的‘月光族’。”

我们其实自陷罗网。我们逐渐习以为常，以致对其他真相无动于衷，视若无睹。随着收入的提高，必要消费也随之增加，最后处于同一水平。拥有越多钱，越容易把钱花光光。你要是先支付给自己，就能避免落入陷阱。这也是避开陷阱的唯一方法。而且有双重好处：你不但摆脱了问题，在收入增高的时候，储蓄也随之增加。

你必须从这三个例子中汲取教训，总结出决定致富能力的关键：

最重要的不在于你赚了多少钱，而是：

1. **可以存下多少钱；**
2. **如何使用金钱。**

“让我意外的是‘必要开销’这个字眼。你不觉得使用不当吗？你把我们的花费严格局限在必要性支出上。然而我们还把钱花在其他许多地方，比如说娱乐。”

完全没错。必要开销代表我们在当今世界真正需要的一

切，不只是满足生活温饱。我们也许需要文化来提升自己、需要度假来放松休息等等。当这种种一切是我们真正所需的时候，才成为必要开销。所以你的首要目标在于确认自己的真正需求。

金钱并不等于财富

我们当中许多人把金钱和财富混为一谈。然而，两者是截然不同的东西。检视上述三个例子里的马帝维和苏帕利两个家庭，更可以确信这一点。我们为了把事情简化，总认为所有的收入和花费都是固定不变的。我们在后面的篇章会将通货膨胀问题纳入考虑。

刚才提到马帝维夫妇每年赚 12 万欧元。不过，他们没留下钱给自己，不考虑未来 30 年的收入变动。他们要是不改变行为，将让 360 万欧元从手里溜走，而无法存下一毛钱。30 年以后，他们的自用住宅将是最大资产。

现在来看苏帕利家。他们在 30 年期间将有 90 万欧元收入。目前他们把收入的 15%支付给自己，也就是每年 4500 欧元，等孩子独立或是付清房屋贷款以后，他们打算把比例调高到 20%。假设他们前 20 年将收入的 15%付给自己，后

10 年是 20%，以一年 5%的报酬率来计算，他们 30 年后会拥有 343,639 欧元和一间价值数十万欧元的房子。

假设莫丽和罗杰·苏帕利从 20 岁就开始工作，他们可以**考虑在** 50 岁就转为兼职工作，因为到那时光是财产的每年利息收入就有 17,182 欧元，造成这一切的原因是他们总是先将钱支付给自己。虽然利息收入表面看来低于原来收入，实际却不是如此，因为他们要付的税款也变少了，而且每个月再也没有房贷要付。

你现在更清楚赚钱和获取**财富之间的**差别了吗？在我举的例子里，苏帕利家的财产包括屋子和带来利息收入的存款。

有多少钱才叫富有？

“我都懂了，但是你如何定义富有？得拥有多少钱才叫富有？”

我无法回答这个问题。

“等一等。如果说我卖力工作 30 年，每个月赚 1250 欧元，在退休的时候，我维持相同的购买力，我拥有自己的房子和不会减少的本金，你很难说我不是有钱人。”

或许没错。现在假定罗杰决定再工作 5 年，每月继续支

付给自己。你晓得他最后会有多少钱吗?

“如果我计算得没错,他会有477,743欧元!就我个人而言,我宁可再工作5年。”

你看,你的问题不会只有一个答案。可能的答案数跟世界人口数一样多,全取决于你的需求和需求获得满足的方式。A先生在银行账户里有30万欧元就感到满足,而B女士希望至少有45万欧元才有安全感。我也从经验得知,我们永远都觉得不够有钱。假如你的第一个目标是拥有10万欧元,你会发现一旦达成这个目标,金额显得过少,你总是会想拥有更多。

你大可以找一百个人问问看,你会得到一百个不同的答案。有人想拥有自由,希望能随时去任何想去的地方,不需工作;有人会提到安全感,希望拥有房子和足够的收入,过着安稳的生活;另一些人需要拥有物质财产,比如车子、船或是大房子来炫耀一番。你最后会发现答案取决于各人的目标和渴望。

我听过最棒的答案显然出自我的小女儿。有一天,我在用餐时问她,为什么觉得我们是有钱人。她回答说:“因为我们拥有一切想要的东西。”这肯定是最清楚明了的答案。即使过于简化,却不全然天真幼稚。特别是这句话或多或少概括了我的观点。财富的第一步就是不用再为明日担忧。心灵自由来自财务自由,而非奢侈品。我认为这才是首要之务。不过我要承认每个人有各自的观念。

用脑袋花钱,而不是用眼睛!

再回到马帝维家的例子。他们自己挖好陷阱,掉入消费无底洞。他们该如何脱身?

“他们在装作很有钱之前,应该先真正变成有钱人,而且明白自己落入的陷阱。”

我同意你的看法。不过他们也必须先有想变有钱的意愿和欲望。你是否有任何建议可以提供给亲爱的娜汀和皮耶,让他们可以开始先支付给自己?

(异口同声)“他们只需要少花点钱!”

理所当然,但是你是否知道他们确切该做些什么?

你是否留意到,我们购买的东西多数是冲动性购物或购买欲作祟的结果。花几秒钟想一想。在我们生活的社会里,他人目光往往有举足轻重的影响力,并且促使我们不断消费。为了归属于某个圈子,或是获得注意,我们需要追随时尚流行,或是拥有令朋友歆羡(通常只有几分钟)的最新 3C 产品。

报纸、商店和电视以大量广告来诱使我们去消费。我们最终成为消费社会里或多或少自觉的目标对象，一切都在促进更多的消费。到各家商店去看看，所有广告海报只有一个目的：吸引你的目光，促使你去消费。不是再过一个月或一个星期，而是现在立刻消费。所以首要之务是不再盲目消费。

为了向你证明我们如何不断被煽惑，总是屈从于购物冲动，有时甚至浑然不自觉，试着这样做：跟你的配偶到超市去。拿一辆推车，让他(她)像平常一样买东西。在结账前清点一下推车里的东西，区分蔬菜、肉类等必需品，以及糖果、冰淇淋、小玩意之类的非必需品。结果必然让你惊讶万分。再来计算非必需品的总金额，乘上你购物的次数，你会有大惊喜！

“是没错，我为了讨孩子欢心，老是买许多无益的东西。有时连吃都没吃，就任由它们在冰箱里腐烂。我敢说，用这个方法至少可以省下5%到10%的日常开销。”

“可是你让我们变成小气鬼！我是来跟你学致富之道的。我不需要你来教我计算牛排数目或是节衣缩食。”

请你放心，我的目的不是让你变成吝啬鬼，而是向你证明小气和理性节约之间有巨大差别。这个例子也让你发现，你往往为了从不使用或不常使用的东西，让大半财富流入别人的口袋。

我也提醒你注意,我们时常基于习惯而消费,从来不曾或很少质疑自己的消费行为。除非碰上问题,比如说失业的时候,在这类情况下,我们才会尽力控制消费结构,让收入锐减一事不致给自己或亲友生活造成太大冲击。如果在问题发生前就这么做,我们就有机会存下钱,避免失业可能造成的经济拮据。

至于你提到“节衣缩食”,我想从另一种角度来说明。在你拿到第一份薪水的那一天,你以薪水数目决定了消费支出和生活水平,却没将先支付给自己考虑在内。如果你一开始就把先支付给自己的钱纳入每月开销,你会开始累积财富,并依照剩余可支配金钱来调整生活支出。

“你可否明确告诉我们,该先支付多少给自己?”

答案取决于许多因素,包括你的经济余裕、动机和目标。一般而言,只要奉行正确的理财行为,至少支付10%给自己是简单不过的事。我还知道,你能够储蓄的收入比例决定你的未来。我从登门咨询的客户和平日观察先支付(或没有支付)给自己的人得出以下看法。

穷人:认为他们总有一天能够先支付给自己,可是从来做不到。他们花光赚来的钱,有时甚至超支,从来不曾考虑过未来。他们终其一生都为了支付账单而工作,总是捉襟见肘。

他们最后无法安享退休生活，因为届时的收入往往不及从前收入。

中产阶级：把收入的 5%到 10%先支付给自己。假如他们懂得让金钱为他们工作（后面会谈到），他们可拥有安稳无虞的退休生活。

富人和未来的富人：拿收入的 15%到 30%（甚至更高）支付给自己，给自己提早 10 年退休的机会。他们最后能提早且充分享受退休生活。由于现代人越来越长寿，他们享受人生喜悦的时间比其他人更长。

“好吧。可是你说至少得存下所得的 15%到 20%才能致富！我从来没办法存下薪水的 1/5。你实在太夸大其词了。没有人办得到。”

我承认，先支付给自己这件事，特别是为此要付出的努力，让许多人感到气馁。事实上，他们觉得生气，因为每个月规规矩矩存钱不是什么值得夸耀的事。也许你也是其中之一。也许你用各种理由告诉自己办不到，先支付给自己绝不可能，或者你认为有某种致富秘诀，可以让你的股票投资每年有 100%的获利，或是让你买入一间公寓，半年后以原价 5 倍卖出！

不过，不管你相信与否，先支付给自己的方式是决定未来与致富能力的唯一关键。

“老实说，我质疑这个办法的可行性。即使在理论上可行，但从实践的角度来说，完全超乎现实。以我个人来说，我每个月赚2000欧元，我不可能先支付给自己400欧元。我想付得出200欧元，但绝对付不出400欧元！”

你也许觉得困难，但是你确实尝试过吗？或者起码思考过可能的办法？我承认一开始确实不容易，但绝对没你想象得那样困难。特别是别人付钱的情况(一次只谈一件事，我们后面会提到)！

我首先请你先不要妄自菲薄，否则你什么也不会做。另一方面，一般来说，在面临困难的时候，我们往往低估了自己解决问题的能力。我也知道，如果你只寻求达成5%比例的方法，你只找得到达成5%比例的方法！所以，先别把目标定在15%，先从8%到10%开始，每个月增加1%，直至达到目标为止。采用这种循序渐进的方式，你可以逐渐养成全新的习惯。

你看待事物的方式也很重要：如果把每月400欧元除以天数，每天是多少钱？

“以30天来算的话，每天差不多13欧元。”

很好。现在问题不再是每月该如何存下400欧元，而是找到每天存下 13 欧元的方法。这个目标是否简单多了？

你的钱到哪里去了？

要找到钱储蓄，开始累积财富，有个人人都可以做到的办法，那就是必须重新检视自己每日的消费习惯。许多人不清楚自己平日花钱的方式，往往是习惯性、反复性、不假思索的行为导致这些消费。

为了揪出这类消费，我建议你这么做：从明天早上开始详实记下一日的花费，以及所有直接、间接导致消费的行为，特别找出无意识的消费行为。也许是你每早必喝的一杯（或是数杯）咖啡，还有羊角面包、上班的交通花费、发送的手机短信、午餐费，尤其别忘了香烟（每包 5 欧元，你很快会发现抽烟逐渐成为富人专属的习惯）等等。

接着，你思索该怎么用较少的花费达成相同结果，同时计算可以省下的钱。不一定是直接的解决办法，也可能是投资形式。比如说：每早上班前在街角咖啡店喝的咖啡，何不用这笔钱买一台咖啡机放在办公室，或者用保温瓶带一杯。你最终还是可以喝到一样数量的咖啡，花费却少了许多。手机费用也是同样的道理。你打了几通电话通知对方说几分钟内会抵达，而你早在一个小时前就用电子邮件确认这次会面了，不打电话的话，你就会迟到吗？

这些不假思索的行为可能是许多花费的源头，省下这些钱，几乎改变不了你原来的生活习惯，却让你轻易产生结余来支付给自己。检视一下自己的习惯，分析你做的每件事，我相信你可以找到数十个省钱机会。

自我检视的另一项重点：评估价值和实用性。看看是否把钱花在刀刃上，是不是买得太贵，或是你是否真正需要花钱购买。

“哇呜。为了几块欧元这么大费周章！你不觉得是无谓之举吗？”

可没你以为的那样无谓。这项练习的目的在于让你留意金钱的去向。一旦你认为每分钱都花得值得，你不需要再自问：“还有其他办法吗？”仅此而已！接下来由你自己决定是否已经足够有钱，用不着再考虑节约的问题。不过我认为，既然你没有资金或财产，又真心打算致富，总得从某个地方挤出钱来！

我后面会证明，这几个简单举动可以让你有钱买入公寓，到时你的回应肯定大不相同。当然，也用不着持续一年做这个练习，何况你也撑不了这么久的时间，一或两个礼拜已

经足够。练习的目的是让你留意真正的花费,并清楚掌握钱的去向。唯有如此,你才能运用正确判断,找到达成相同结果的方法。

我稍后也会再提及所谓的吝啬。假如你完全省略每早愉快品尝的咖啡,那你确实就变成了守财奴。相反的,如果你寻找其他办法,让自己依然惬意地喝咖啡,说明你动了脑子,也开发了致富潜力。

“我证实欧利维埃刚才说的一切。我几个月前做过自我检视,结果让我大吃一惊。不必要的通话、餐厅午餐、习惯性花费、香烟,我每天起码可以省下 10 欧元,也就是每个月 300 欧元,完全用不着改变生活习惯!”

你晓得把每天省下的 10 欧元以 10%的年报酬率做投资代表什么吗?会有什么结果吗?10 年至少有 63,112 欧元,或是 20 年有 226,809 欧元(你用来买公寓的钱)!不提这些数据,你也发现只要节制花费,你可以累积出一小笔财富。

“你的建议挺让我心动,可是你忘了说,先支付给自己会让我们降低生活水平。就我自己来说,我想心安理得地上餐厅吃饭,高兴去就去。”

你为什么会降低生活水平?你省下的钱还在手上。你要是改变主意,随时可以取回储蓄花掉!总之你没担负任何风险。我只是建议你重新思索消费的方式,想出办法来累积创造财富的资本,而不是改变你现有的生活方式。

让我解释清楚:这个方法的最终目的不是要你每天吃马铃薯生活,而是让你把每一块钱都花在刀刃上。如果你的目标是经常上餐厅吃饭,每个月上一次大餐厅的费用会比每个礼拜到住家附近的比萨店用餐来得少,而且会给你带来更多的乐趣。

你当然有必要开销。即使不是经常性支出,你也能找出善用金钱的方法。让我给你几个建议。

你到底该如何花钱?

首先,改掉随意买东西的习惯,拟定购买计划或是避免自私自利的消费,优先选择能让家庭最多成员得利的消费。用这种方式,你能避免冲动性购买行为,考虑花费的优先次序,让每次购物发挥最大效益。

第二个建议是我经常使用的方法(跟接下来的两个建议一样)。你要是发现或自以为需要任何东西,等到最后一刻再去买,等到它已经是真正必要再去买。除非你有强迫购物症,如果购买的欲望还在,很有可能你是真正需要这个东西。

第三个聪明消费的建议。你准备换计算机、汽车或是任何其他东西的时候，只要东西还能正常使用，等你出让后再买新的。这么一来，你有额外收入可以用来买新东西，同时也廉价出售掉已经厌腻的物品，不至于让车库里停了两辆车！

第四个建议。每年至少检视一次你付的保险、年费等等，看看是否有办法少付一点，找到更便宜的方案，或取消年年支付却没真正使用的合约。你会惊讶地发现，自己付了许多过于昂贵甚至是双倍的费用。我强烈建议你做这个自我检视。你不仅能生出储蓄，还可以知道有哪些反复性消费。

最后一个建议。别听信售货员的煽惑。别因为这位售货员比旁边商店那位更机灵，就付更高的价钱买一样的东西。售货员尽了销售本分，你也该尽消费者本分。

这些方法不过是建议。你大可想出其他更适合自己环境或情况的办法，同时也别忘记，终极目标不在抑制消费，而是控制消费。

除非你经济宽裕，你只要培养这些全新的消费习惯，先支付给自己，控制必要花费都不再是难事。千万不要反其道而行。先支付给自己迫使你得先储蓄再消费。这带来双重结果：你不只以最佳方式管理收入，你还开始创造财富。

“你不觉得节流不如开源吗？”

首先,我认为这是下下之策。这么一来,你不只没确认自己付了适当价钱,也不会尝试改变消费习惯,而且还增加税负。既然税务机关自动从你的收入中扣除税款,你赚得越多也付得越多。所以你的首要之务是管理金钱,留意你使用金钱的方式。其次才是要求老板加薪。

消费性贷款:沉重负荷

再回到马帝维家和他们无法致富的问题上。他们为了必需品(自用住宅)付的贷款跟奢侈品(三辆汽车、家具、度假别墅等等)一样多。要晓得消费性贷款的费用远比房屋贷款来得高,而且购入的东西只会随着时间贬值。他们只需调整花费就能开始累积钱财。

“可是在当今时代,所有人都有真正需要的东西却无法用现金支付的消费。比如说汽车相当昂贵,很难不用贷款就买入,我认为在这种状况下可以用贷款购买。”

我的回答是绝对不行。为了致富,你绝对不能使用消费性贷款。每一次借贷,你都支付一部分本金和一部分利息,债务利息绝不可能让人致富,除了赚你钱的银行。就汽车来说,除非它是生财工具,比如说出租车,否则绝对不会是必需品。

我也知道你的住处离公共运输系统很远，汽车可能很有用，甚至不可或缺。在这种情况下，你选车时得考虑符合本身需求，而不是由邻居的眼光来决定。先创造财富再说，接下来随你高兴买多少车。但是无论如何，千万别使用贷款，优先选择以现金支付。

“就算我们有现金可以买车，要买房子的话，绝不可能不用贷款。房子是优先必需品，而且房子也是财产之一。你会怎么做？”

没错。有时候有必要，甚至最好能够借助贷款来致富。可是在充分利用贷款以前，你得有能力分辨哪种借贷让你致富，哪种让你变穷，甚至你得懂得让花费的钱带来最大效益。这是下一堂课的主题。

3
致富法则

贷款清单
new
手机
1
2
车
3
名
牌

富人和穷人间的差别在于支票签名的位置。

穷人签在正面，富人签在反面。

致富的一个重点在于你运用新增购买力的方式。这一章的目标是阐述下决定时可运用的金科玉律。我会通过以下致富法则一一说明。

法则一：资产与负债

为了充实你的财务知识，让我们谈谈几个会计学概念。别被吓着。我会说得简单扼要。此外，你会发现，会计学是描述你每日活动的专门术语。

你首先得学会分辨：

- 收入与支出；
- 资产与负债。

资产是所有能够直接或间接为你带来金钱收入，让金钱流入银行户头的有价事物（见图表一）。

最常见的资产，以及它们带来的收入如下：

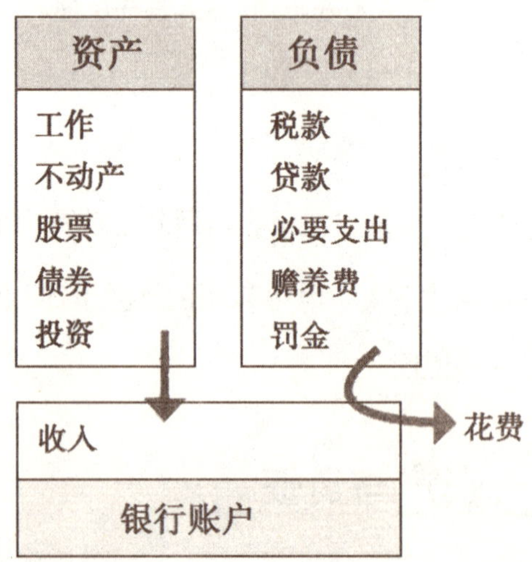

图表一：各种资产与负债的流动

- 工作和薪水；
- 只有带来房租收入的不动产才是资产；
- 有股息的股票；
- 有利息收入的投资。

负债是所有缔结的债务、必要开销，以及所有把钱取走的东西。

最常见的负债和它们导致的花费如下：

- 税收制度和税款；
- 信用贷款和利息；
- 日常生活所有必要支出：食物、衣服、娱乐费等等。
- 赡养费、罚款等等。

分辨资产与收入、负债与支出之间的差别确实十分重要。说得更清楚些，你无法用名下的一间公寓（资产）买面包，但可以用出租它获取的租金购买。

一旦了解了这个观念，你要用下述的稳赢方程式来持续致富：

你应该尽可能持有及取得资产，而不是负债。

谨记三个目标：

- 增加资产；
- 控制和减少负债；
- 让收入永远大于支出。

奉行这几项基本原则，你的财务决策和行为必然走上正确方向。

举个例子。签订信用贷款来购买液晶电视，你不只增加负债，还产生固定花费(按月支付)，而资产这块一片空白。(图表二)有违我们的致富法则。

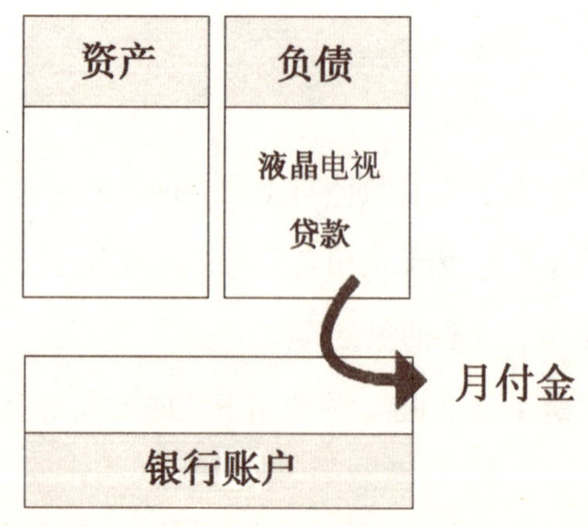

图表二：负债的动向表

相反的，如果你贷款购买公寓，贷款虽然让负债加重，却可用公寓的资产价值补足。（图表三）随着贷款逐渐摊还，利息的比重将不断减少到低于本金。如此一来，从偿付第一次贷款开始，资产的比重即大于负债。（图表四）

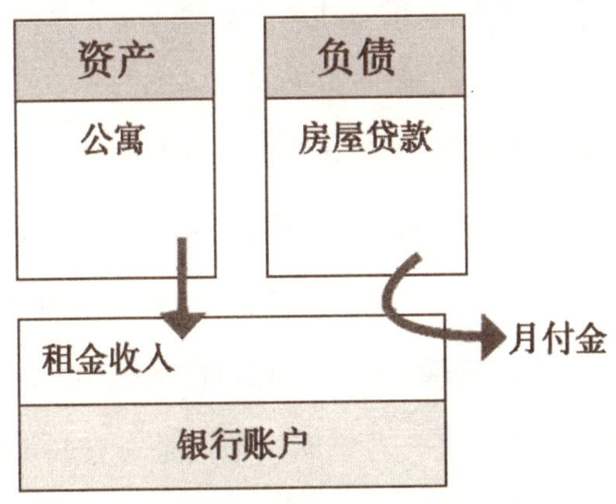

图表三：贷款初期的资产与负债状态

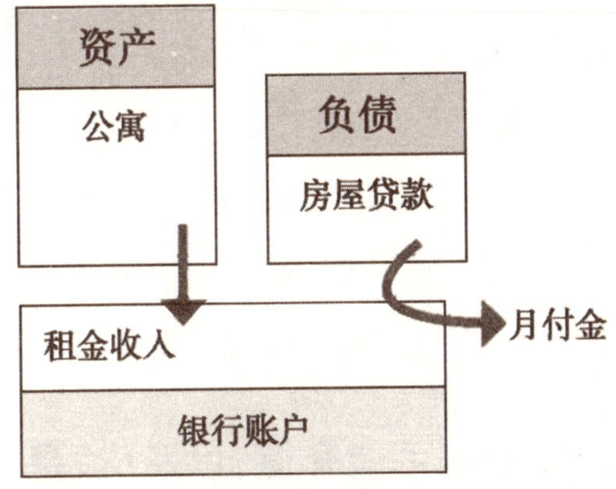

图表四：偿付贷款期间的资产与负债状态

理想状况是买公寓来出租,用房租收入来缴付全额或部分的贷款月付金。在这种状况下,负债(房屋贷款)导致的花费(房贷月付金)由资产(公寓)带来的收入(房租)打平。

“假使取得的资产大于负债就能致富，这个方程式看来简单易行,那么富人数量为什么不见增加。只要每个人奉行这个法则,世上就再也没有穷人。”

你的理解清晰无误,但我不认为多数人真正明白什么是资产跟负债,更别说他们能分辨资产和收入、负债和花费的差别。你可以做个实验:问问周围的人,看他们拥有哪些资产和负债,又是如何管理它们的。你可以从他们的回答判断出各人的财务知识水平，并且明白他们是否有开始致富的能力。

“好吧，不过汽车应该算是资产，因为我随时可以卖掉它。所以我贷款买车也不为过。”

大错特错。除非汽车能带来收入,不然它只是负债。即使可以将它卖出,它的价值必然会随着时间而降低。因此我要再传授两项新法则，让你更能清楚分辨资产和负债的差别，让你明白哪一种让你变富有,又是哪一种让你变贫穷。

1. 只投资有可能升值,以及(或是)能够带来财富和收入的资产。

2. 千万别用贷款购买任何会贬值的东西。

“无息贷款呢？你该不会告诉我千万别考虑这种贷款！假如用不着付利息，我们只需支付东西的原价。”

贷款的第一个作用是促使你去花自己根本没有的钱，让你错以为自己有足够的钱去消费。只要是负债，不管需不需要支付利息，千万别使用消费性贷款。更何况借贷不会是免费的。贷款实际上是卖方跟金融机构合作的服务。金融机构由统计得知某些免息贷款申请人会延长贷款期限。一旦这么做，贷款申请人就得开始付费，而且是昂贵的费用。

假如你想致富，你该禁用任何消费性贷款。它们只会带来负债，让你越来越贫穷。穷人和中产阶级喜欢用贷款来购买炫耀性的表象财富（大汽车、科技新产品等等）。这些东西只是让你接近财富，而非拥有它；闻得到，却永远触摸不着。

这些贷款就像脚上拖的大铁球，日复一日越发沉重。它们限制你的行动自由，让你对债权人负有义务；它们不只阻碍你前进，还让你越来越穷。

那么需要因此放弃生活享乐吗？当然不需要。人生本来就是体验，应该尽情享受生活乐趣。但是你该遵循正确途径，也就是先致富后花钱。假如你颠倒顺序，你会两头落空。

过度负债

还有更糟的状况。你如果在经济拮据时,以借贷偿还债务或是其他贷款,那就是财务自杀(我认识不止一个人这么做)。即使你有遵守义务的善意与诚意,事实上,你只是逃避拖延,让问题更为严重。

假如你落入这种境地,势必得节衣缩食一段时间,找你的债权人协商(通常比你以为的还简单)、找份兼差工作、加班。当你脱离这个恶性循环时,别忘了记取教训。

"好吧,可是知易行难!"

你真的以为一天到晚付利息、办贷款会比致富来得简单和理所当然吗?如果你有负债,你的当务之急是尽可能清偿所有债务。我强烈建议你不要找朋友或父母借钱,借钱不但是赔掉这些钱的最好方式,也阻碍你解决问题。相反的,我建议你采取这套行动计划:

- 列出所有负债,打电话给债权人,跟他们说明状况以及你打算清偿的方式。不管你的债权人是银行或个人,他们总是喜欢跟愿意承担责任的人说话,而不是回避接电话的人。

●趁负债物品还有价值时卖掉它们。假如你有一辆大车,卖掉它,改买小车,或是改搭大众交通工具。

●提拨所得的10%先支付给自己,把它们投入(可不是你欠钱的那家银行!)我后面会提到的致富工具。这样一来,你开始储蓄和累积财富,就算你还在负债,也有致富的权利!

●再拨出所得的10%付给债权人,直到所有债务还清为止。假如有些债主大声咆哮,这是正常的事,别被他们吓到。你要知道,他们宁愿你多少还一些钱,而不是分毫不还。不过,你该继续努力。找回自尊的唯一方式是彻底履行义务。你偿还的每一块钱都有助于债务总额减少。如果你什么也不做,积欠的债务金额还是一样。

重要提示:如果你有暂时的经济困难,千万别出售资产来偿还债务,尤其是能带来收入的资产。请记住资产(你的财富)和金钱是完全不同的两码事。它们都是你的财产。假如你出售资产来解决金钱问题,你便踏出了错误的一步,你会越来越穷。

顺便提一下与银行协商减免债务。你要知道,这绝非最好的解决办法。假如你取得了债务减免,不良信用记录将跟着你一辈子。一旦摆脱债务,你恐怕再也找不到愿意借贷给你的金融机构，即使你是准备购入资产。如此一来，你将无法致富。

法则二：尽可能让你的钱产生更大价值

如果你用贷款买入负债，以下是你的现金流向。你一拿到薪水，缴完税，偿还每月应缴的贷款，只能用剩余的钱支付日常所需（图表五）。假设你应付的贷款和税金总额高于或者等于收入，你根本没有余钱来支付必要开销（衣服、食物、房租等等）。这是典型的过度负债例子。

图表五：偿付负债时的现金流向

相反的，如果你负债是为了购买带来现金收入的资产，这笔新增收入不只可以用来支付购买费用，你也可以逐渐清偿相关费用，包括贷款，假如还有余钱，还可以用来缴税！（图表六）

图表六：支付资产时的现金流向

“如果我理解得没错，跟偿还负债比起来，取得资产要付的税金反而更少。”

这么说有点绝对化，不过确实如此，但也得依你的收入水平而定。不过要是你懂得运用对自己有利的条文，你可以减免税负，并将省下的钱再用来购买资产。故事的启示并非少付一点税，而是——

用来购买资产的一块钱比用来偿付负债的一块钱更有价值。

大家会疑惑为什么富人总是越来越富有！

结论：取得资产，你会越来越富有；偿付负债，你会付出较多税金。

“你说的这些真让人难以置信。你的意思是政府刻意优待富人吗？”

有些政府总是通过不同机制促进财富增长并且帮助富人。因为政府不希望富人离开这个国家。他们不愿富人移居国外，不只因为直接的结果是失去税金收入，间接结果也不令人开心，因为富人提供工作机会，促进经济发展。富人创造国家和个人的未来，或者起码带来相当贡献。这就是为什么有些国家的政府支持致富，为什么富人在金融或不动产投资方面享有优厚的免税待遇，因而变得越来越富有。

结论再简单不过：尽可能让你的钱产生更大价值，这样你会加快致富速度。

法则三：低付出高收益和高付出低收益

既然我们谈到了穷人与富人的不同，我提议再停留在这个主题上一会儿，让我问你另一个问题：依你之见，谁花费更多时间工作？打高尔夫球的富人，还是在工厂工作的穷人？

“显然是穷人，因为富人用不着赚钱。”

你为什么说富人用不着赚钱？他们也有日常必要开销，不管是食物或房子。

“应该说富人不用去工作也能赚钱。”

你猜得很接近了。事实上，他们花较少的力气就能赚钱。

而且赚进越多，花的力气越少！为了证明这句话，让我举一个典型的例子，比如把公寓租给房客的房东。依你之见，要变富有的话，哪一方花费的力气较少？

“显然是房东。因为他只要收租金，而房客需要工作来付房租。”

完全正确！我要补充一点，是房客卖力工作来让房东变有钱。房客总是得更卖力工作来支付越涨越高的房租，而他最后什么也得不到；而房东每个月只要花几分钟确认房租确实汇入户头，随着房租越涨越高，他也越来越有钱。我用这个例子引入致富的两个重要概念：

- 低付出高收益；
- 高付出低收益。

看看你周围的人，观察谁越来越有钱，以及他是如何办到的。你会发现有 90% 的状况是这两个观念在运作。要懂得辨认出它们，运用它们来致富。进入低付出高收益的模式，购买带来收入的资产，你将更迅速达到财务独立；要是处于高付出低收益模式，你累得精疲力竭，却越来越穷困。

“我再次同意你的看法，但是我们刚就业的时候，高付出

低收益是必经过程。即使我们开始用薪水存下钱，我们必然是帮助老板，或是租房子给我们的房东致富，因为我们还没有时间或余裕来贷款买房子。在这两种状况下，我们必然处于高付出低收益模式。”

对没有财产或资金的人来说，刚就业时，必然得经历高付出低收益阶段。你的首要目标应该是尽快进入低付出高收益阶段，让资产收入为你带来财务自由。

“我们什么时候才能认定达到财务自由？”

这又是难以确切回答的问题。答案完全视你的目标而定。假如你的愿望是不用再工作，你的资产必须带来足以支付生活必要开销的收入。这就是所谓的财务独立。

图表七显示的理想的财务独立状态，正是低付出高收益模式。负债降到最低，而资产带来足够收入以应付日常花费。持续拨出收入的10%，用于购买资产，资产继续增加，持有者也越来越有钱。

现在看一下图表八。它代表典型的负债模式，完全无法带来收入，如果过度滥用贷款，会导致财务失衡。工作所得全用来支付日常开销和偿还债务（高付出低收益），同时将无法创造出任何财富。

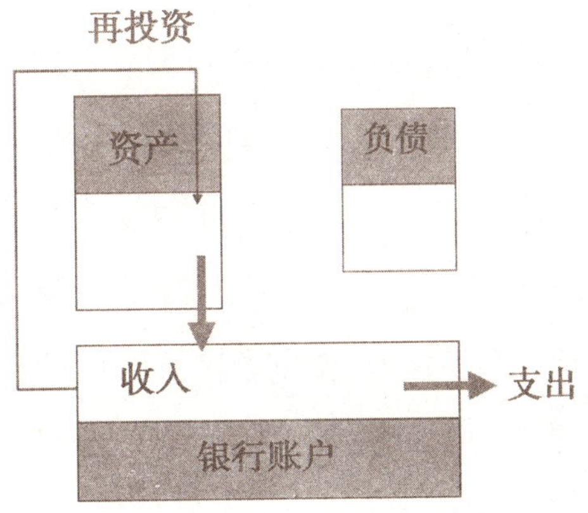

图表七：财务自由和自给自足状态

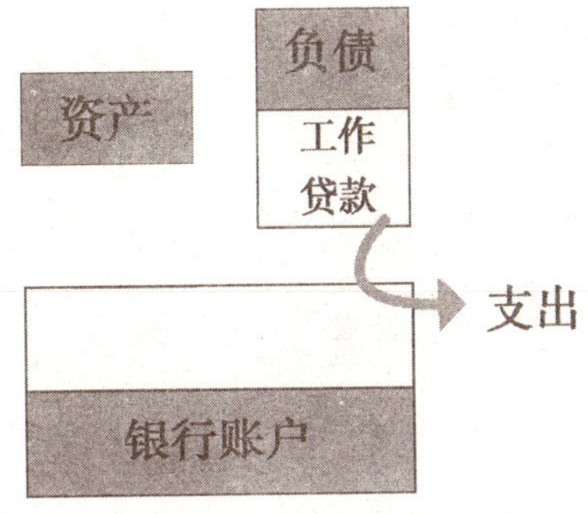

图表八：负债的金钱流动

生活目标

在提到致富过程的第二步以前，你得知道一件重要的

事：你要是严格执行上述法则，你能累积财富，却失去灵魂！

如果你的目标只是赚钱，你有可能忽略掉生活，以及孩子或是自由这样的重要东西。人们的生活无法以图表或是资产和负债这种精确描述方法来概括。生命充满喜悦和情绪，所以它丰富又刺激。金钱当然可以帮你攻克难关，让你享受生命乐趣，可是千万不要让金钱取代了亲人的爱。

问自己以下两个问题：

●你优先追求的是什么？大车？房子？或是你的自由，以及孩子的舒适生活？

●你想在这一生做些什么？直到生命结束的那一天都在汲汲营营赚钱？或是尽早退休，享受人生？

致富不只是累积财富，还包括确立生命目标。一旦确定目标，金钱和财富仅是达到目标的手段，而不该是终极目的。好好想一想，你的答案决定未来目标。假如你的唯一目标是累积财富，你很有可能是墓园里最富有的人，却不曾真正有时间享受财富的好处；相反的，如果你致富是为了让生活更舒适，你将能享受更多财富的好处。

目标基本上依照各人需求、经验、愿望、忧虑、信仰而定，因此每个人的期望大异其趣。你可以期望提前退休，可以认为孩子的未来比自己去度假还重要，还可以给予孩子自己幼时不曾拥有过的东西……你的选择才是重点。你得明确决定目标才有机会达成。

如果你忽略这个步骤，你无法确切明白自己的期望。如果你不晓得自己想到哪里去，你将很难抵达目的地。不管你是马帝维家庭或是克拉图家庭，关键是弄明白自己的想法，明确目标。把自己的想法写下来，你想一年两次到加勒比海小岛度假晒太阳，也别觉得有罪恶感，这也是金钱的用处。

“你告诉过我们，克拉图家庭和马帝维家庭很难有致富机会！”

是，没错。不过厘清一切，才能让你清楚自己目前的样子，以及你希望变成什么样的人。这样一来，你便更容易规划接下来的行动，以达成目标。

对致富别感到羞愧

别觉得致富是丢脸的事，成为有钱人是你帮助他人的最好方式。你大可悲天悯人，同情那些贫穷潦倒的人，认为世界不公不义，可是你的同情填不饱他们的肚子。

假如你需要心灵借口才能付诸行动，或者有人告诉你金

钱是万恶之源，别犹豫引用圣经的话："贪财才是万恶之根。"

金钱和财富不一定让你拥有完全的幸福，但是可以给你宝贵的协助，让你创造出有益个人成长的环境。

行动计划

让我回顾前两章的内容来结束这一章。

●首先，我们学会分辨金钱或财富的差别；

●接着，我们学会如何换种方式花钱，跳脱消费陷阱，开始储蓄，迈出致富的第一步；

●最后，我们学到让投资发挥最大效益的致富法则，也明白区分资产和负债的原则，由此可评估借贷是否必要。

根据这些忠告和建议，我们可以拟出第一项行动计划：

●所有收入都先支付给自己；

●确立目标；

●调整必要支出，依照真正需求拟定预算；

- 购买资产；
- 减少负债。

拟定计划，运用我提及的法则，它们既简单又有效，基本上也合理可行。最困难的不是决定去做，而是真正付诸实行。由于必须改变习惯，你一开始或许会觉得稍微有些困难。不过你会逐渐乐在其中，找到平日习惯的替代方案将让你感到自豪。特别是知道财务的未来就掌握在自己手里，你会感到巨大的满足，你开始欣赏财富带来的安全感。你的进展越顺利，心灵越是平静，你越清楚自己正按照计划一步步致富。最后，你会知道这个计划确实有效。

“你教我们致富法则，可是我们并不清楚该如何运用。如果是你会怎么做？”

我希望你们已经掌握了这些打造未来财富基础的法则。接下来，我会谈到不同的致富工具，比如投资、股票和不动产的运作。我最后会谈到完整的行动计划，可帮助你获取财富，让你银行账户里的钱不断增加。

4

投资：与通货膨胀赛跑

十年……

我很普通
投资
XX项目利润
XX银行存款
XX投资回报

我有高学历
炫耀性消费
XX消费月账单
XX银行还贷
汽车税油费

4

投资:与通货膨胀赛跑

复利:史上最伟大的数学发现。

——爱因斯坦(Albert Einstein)

你现在懂得如何迈出第一步,你明白有利致富的基本法则,我现在要让钱为你工作,让钱生钱。这是致富过程的第二部分:创造和累积财富。

我们运用不同工具,诸如不动产、创业和投资来达成目标。虽然股票也是其中一种,我会另外再谈论这个主题。

就从最简单的钱生钱方式，也就是投资开始谈起。只需要花些许心力，运用现代经济的复利魔力。你唯一要做的是找到最高报酬率的投资，每月投入资金，以及耐心等候！

“复利是怎么运作的？”

把存下的钱投资在产生利息收入的财务工具。以苏帕利家来说，年报酬率是5%，也就是以所得的15%，每年4500欧元进行投资，每年年底时，4500欧元增长5%(4500× 1.05)，也就是增长为4725欧元。下一年，4725欧元又增长5%，也就是236.25欧元，他们的本金增长为4961.25欧元。以此类推，不管是本金还是利息，投入相同金融工具的钱都带来同样的收益。

如何让你的子子孙孙致富？

大家首先想到的投资是年利率2%的储蓄存款。为了评估靠此种方式致富的可能性，我建议你计算一下让本金增长为30万欧元所需的金钱和时间。

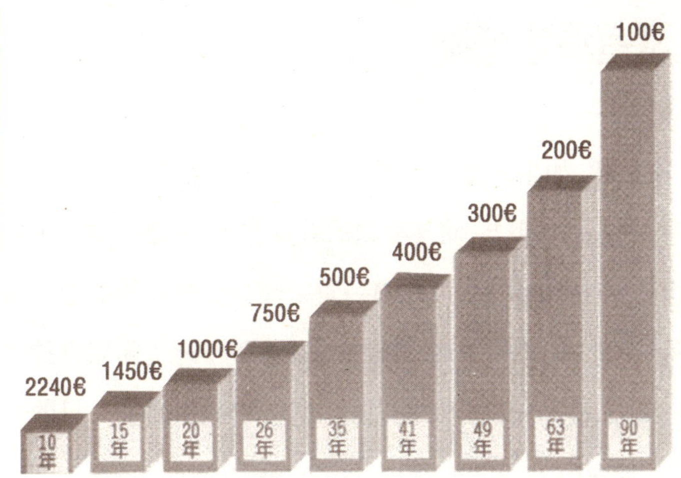

图一:年利率2%的储蓄存款让本金增长为
30万欧元的期限与金额

从图一可以得出第一个结论:如果你指望靠储蓄存款致富,你得等上相当长的时间!

更精确地说,如果你每个月存入100欧元,得花上90年的时间(高付出低收益)。唯一可以从中得益的人是你的孙子孙女跟曾孙曾孙女!

如果你固执己见,坚持要靠储蓄存款致富,并且在合理期限内达成目标,比如说10年时间,你每个月起码得存2240欧元,才能增长为30万欧元!

财富与通货膨胀

很显然,如果你想创造财富,并从中得益,储蓄存款肯定不是好产品。事实上,储蓄存款的首要作用,是藉由政府担保的固定利率提供获利,以抵消一点一滴让金钱贬值的通货膨胀率。因此,如果你采用报酬率接近或等于通货膨胀率的投资工具,你根本无法创造财富,这笔金钱运作的唯一目的只是不让你变穷。

这个原则对任何资产都适用, 不管是不动产或金融产品。举例来说, 你 5 年前购买了价值 10,000 欧元的资产,假设无风险的最低报酬率是 2%,此利率将作为参考标准。

假设你现在把这笔资产以 12,000 欧元的价格卖出,可以告诉我你真正赚了多少钱吗?

“我敢说,假如我说有 2000 欧元,你会说我答错了!”

没错。单就价钱来看,你赚了 2000 欧元。可是就购买力而言,事实并非如此。因为假如你把这笔钱投入年利率 2% 的储蓄存款来抵消通货膨胀率,5 年后银行户头里会有 11,041 欧元。所以这次买卖的真正获利不是 2000 欧元,而是 959 欧元。

所以说,金钱的增值跟通货膨胀的影响息息相关。也就是所谓的时间价值,以及所谓的时间价值收益。

想开始变富有,由投资获利的话,你绝对得投资增值力大于货币时间价值的金融工具,否则你只是在抵御越变越穷的状况(也就是高付出低收益)。也可以这么说,时间价值收益大于时间价值的时候才能致富。

"也就是说,收益不只是买价与卖价的价差,还得考虑通货膨胀因素下金钱的时间价值。假设把 10 年前买入的股票在现在以多于 20%的价钱卖出,我其实是赔钱的,因为以 2%的年报酬率来计算,我的资本应该增长 21.9%。"

不管你信不信,即使卖出时的股价比买入时高,你仍然不能保证自己赚到了钱。不管你采用哪种投资方式,都得把时间价值考虑在内,否则你的投资可能毫无获利。很少有人关注这个概念,以致越变越穷却毫无所觉,或者减缓了原本应有的致富速度。

致富的唯一方式是让钱为你效力,并带来大于通货膨胀率的报酬率。我请你翻到图二,看看这个概念的图表化呈现。最低的那条线代表通货膨胀率。这条曲线上方的线代表你年复一年创造的财富。

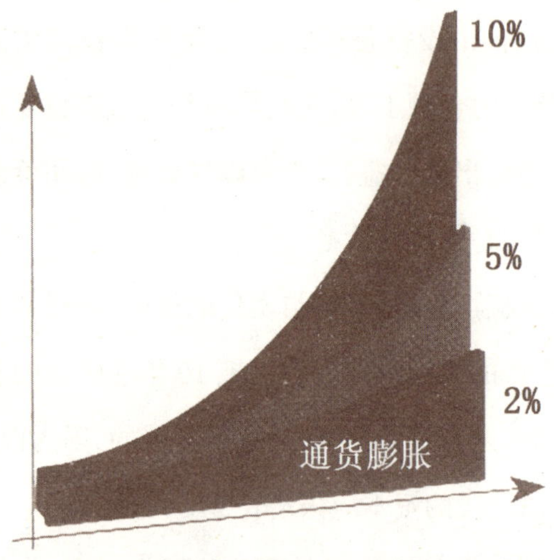

图二：通货膨胀率与5%、10%的投资报酬率的曲线比较

“你的图表最惊人的一点，是两条线越走差距越大。可以说，随着时间演进，致富的速度逐渐加快吗？”

很棒的观察！虽然资金报酬率和通货膨胀率都是固定的（图表的理论性使然），但复利的几何级数增长造成利率越高，致富速度越快。

这是贫富差距越来越大的原因，富人总是越来越有钱。

为了更深入说明，我请你比较一下1万欧元资金以年报酬率10%进行投资15年的获利，以及等同现今通货膨胀率，也就是2%的报酬率的获利（表一）。虽然10%只是2%的5倍,15年的获利却相差9.2倍。

	2%	10%	差距
第 1 年	200	1000	800
第 2 年	404	2100	1696
第 3 年	612	3310	2698
第 4 年	824	4641	3817
第 5 年	1041	6105	5064
第 6 年	1262	7716	6454
第 7 年	1487	9487	8000
第 8 年	1717	11436	9719
第 9 年	1951	13579	11628
第 10 年	2190	15937	13747
第 11 年	2434	18531	16097
第 12 年	2682	21384	18702
第 13 年	2936	24523	21587
第 14 年	3195	27975	24780
第 15 年	3459	31772	28313

表一:通货膨胀率与10%的投资报酬率的财产变化和比较

“从这个数据来看,可以说通货膨胀率越高,靠储蓄致富的速度也越快。只要政府放任通货膨胀率上升，就能解决穷人的问题。他们可以选择最长的还款期限贷款买房，然后等待房价随着时间上涨。”

纸上谈兵的话，看来似乎行得通，但是在真实世界里，你很快会面临制度的限制。因为放任通货膨胀率上升的话，我们很可能面临更严重的问题。随着通货膨胀率攀升，生产成本和物品售价也涨高。在全球化环境下，产品价格一旦过于昂贵，面对其他国家的竞争对手就失去竞争力，不论在国外或国内市场都一样，因为从他国进口产品的价格更为低廉。如此一来，企业开始裁员，我们都知道失业会阻碍经济增长。

不动产飙涨也是同样道理。近8年来，房价每年涨15%，懂得在适当时机买房再转手卖房的人都大赚了一笔。来看看通货膨胀的后果。买得起房的人越来越少，而富有的人却越来越富有。房价不可能以这种速度继续攀升，因为过不了多久，再也没有人能负担得起房价了。总而言之，如果你真心想致富，你得运用储蓄存款以外的工具。

该选择哪种投资？

投资主要可分为两种。第一种是每个月定额投资，完全符合首先支付给自己的概念。最广为人知的就是可以节税的保险契约,可让你保有本金,并通过回馈机制领取红利。也就是说年底的报酬已确定,不管公司经营绩效如何也不会改变。因此这类投资产品风险极低,深受欢迎。

如果你愿意冒点风险,还有其他报酬率更高的投资。这些投资通常需一次缴款,而且是固定期限,也就是债券和连动债券。根据组合的不同,它们的绩效视下层结构比如股市、原物料、利率等表现而定。举例来说,1998 年,我的银行推荐给我一项投资标的,保证年报酬率 13%和两年收益,但只有 80%保本。

要保有这样的高报酬率,Alcatel 公司和荷兰皇家电信 KPN 的股价不能跌破起初价格的 20%。而我的银行每年配息 13%,到期后归还本金,不是金钱,而是连接公司的股票。顺带一提,那段时间里,那些股票涨了 300%,而我只领到银行承诺的 13%的收益!

另一个大家熟知的工具:债券。由政府或筹措资本的公司发行。资金出借有固定期限,债券持有人在这段时间内可按期获取利息,到期收回本金。

债券报酬率取决于债券发行人的偿付能力,如果发行人债信质量不佳,他就需要用高利息吸引资金。即使是债券,也

无法保证到期能拿回本金。因此评估债券发行人的信用质量是首要之务，他一旦破产，你恐怕就会血本无归。因此有信评机构进行风险等级评比，分级由 A 到 C：AAA、AA、A、BBB 是较安全的等级；最差的是 B、BB、C、CC、CCC，属于高风险和高投机性。

经济和社会稳定的国家发行的债券理所当然可得到最佳评分，因为最能保障本金的安全性，但报酬率也相对较低。而可能破产倒闭的企业风险却较高。不过，只要你好好寻找，肯定能捞到一些高评分且有高报酬率的珍宝。

我在 2001 年和 2002 年有幸买进 11.75％报酬率的 A 级债券。我得承认这是相当罕有的机会，特别是当时的市场利率很低。不过你大可伺机而动。我稍后会再谈到债券。

是什么阻碍了你致富？

依你之见，什么是致富的主要障碍？

“税金吗？”

令人吃惊的答案，也是我常听到的回答。事实上，我们本身才是致富的主要障碍。老是将今天之事搁到明天，这叫拖延。

我举双胞胎兄弟文生和克里斯多福的故事来说明。文生不爱念书,在 18 岁就参加了工作。文生仍住在父母家,他遵照父亲给的绝佳建议,每月先支付给自己 250 欧元,一年存下 3000 欧元。一场意外迫使他在 28 岁时中止工作,此时他在 10 年间已存下 30,000 欧元。

他的弟弟克里斯多福继续升学,从 28 岁,也就是文生无法再存款的时候,才开始每月存下相同数额的钱。

假设将存款以 8%的年报酬率进行投资, 文生 60 岁时将拥有 594,969 欧元。而他的弟弟在 28 岁到 60 岁期间存下的 99,000 欧元只增长为 472,880 欧元。(图三)

文生:594,969 欧元　　　　克里斯多福:472,880 欧元

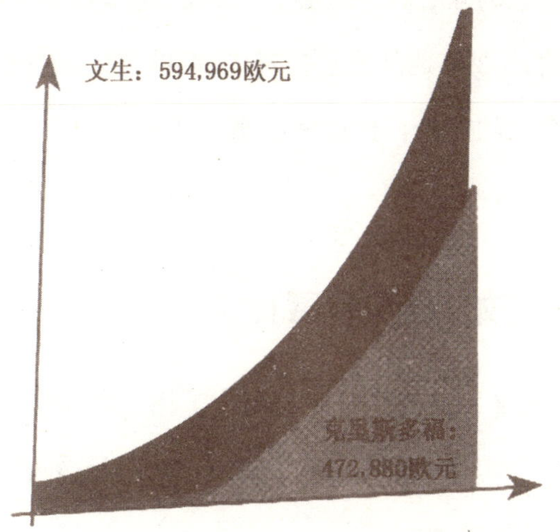

图三:文生和克里斯多福的财富变化

虽然克里斯多福花了33年投资,比他的哥哥多3倍,累积的财产却比不上只花10年投资的文生。这个例子正好说明投资金额和学历高低都不是重点,而是时间以及金钱的时间价值。

时间就是金钱

现在假设克里斯多福签订期限为3年的贷款来购买敞篷车,这导致他得延迟投资。

到了60岁,他只存了90,000欧元,增长到367,039欧元,而非原来的472,880欧元。可以说,这部敞篷车花掉了他105,841欧元。3年期间没法投资的9000欧元,最后却让他付出高达12倍的代价!比通货膨胀率还高!

结论不言而喻:

越早开始,越快致富!

我不厌其烦强调尽快让钱为你工作的重要性。不管你的收入、年纪和投资工具,不要等待,今天就付诸行动!这就是你帮自己最大的忙。

"很抱歉,你的建议我办不到!"

为什么呢?

“要我每个月投资250欧元或者更多钱,完全没问题。但是,我可没有30年的时间!”

这的确是大多数人的问题。他们在20岁到40岁期间,从来没想过未来,等他们开始思考退休生活时才猛然觉醒。

放心,就算你没有30年时间,我可以提供给你几个方案,让你以大于10%到15%的高报酬率来弥补失去的时间。不过,我恳求你不要把这些可能性当成借口,一再把今天之事拖延到明天。不管你剩下多少时间:现在就去做。

这是你能让孩子获益的一课。因为你大可现在研拟投资方案,开始教育孩子投资一事。

为了说服你,看一下图四。这张图显示了以8%的年报酬率计算,要在60岁累积10万欧元资产的开始投资年龄及每月投注金额。显然只需极少的钱(每个月27欧元,也就是从20岁开始每天存1欧元),就可以协助他们保障未来,只要带领他们定期投资、培养良好习惯。成果和好处多多:你不仅培养了孩子的理财观念,还帮助他们自立和自我负责。等他们能够自食其力开始致富,你也加快了自己的致富速度,因为他们不再(在经济上)依赖你。

“我注意到你把年报酬率设定为8%。不过这不符合现况,我的银行建议的投资标的,年报酬率顶多是5%。”

我承认传统投资产品的报酬率不高，它们特别适合那些不愿拿资金冒险的保守型人士。如果你希望提高报酬率，我建议你尝试其他更吸引人的领域，报酬率可能远远高于10%。下面我们就从不动产开始谈起吧。

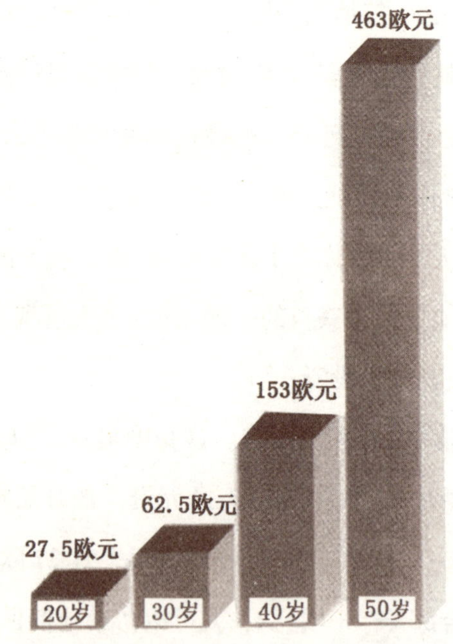

图四：要在60岁累积10万欧元资产，
依投资开始年龄不同，每月该投入的资金

5
不动产

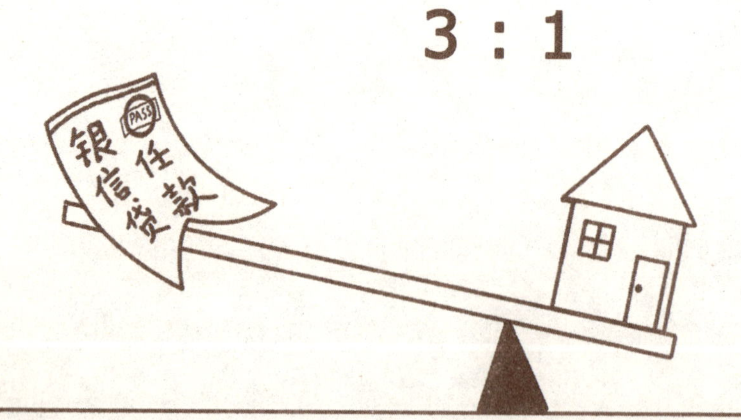
3 : 1
PASS
银
信任
贷款

5

不动产

给我一根足够长的杆子，我可以撬起整个地球。

——阿基米德(*Archimède*)

这章让我们来学习不动产的潜力。只要正确运用，这个领域的收益远比投资更高。

虽然市场难免有起有伏，不动产投资仍被视为稳定性领域，人总得找房子住，因此随时有需求存在。这是波动程度低的市场，但仍有交易热络的时期，因为一次审慎的不动产交易需耗时数个月。每笔交易的潜在客户数量有限，而价格从数万到数十万欧元不等。

除了购买自用住宅，最广为人知的致富之道是购房出租，以租金来付房贷。投资人晓得这个基本原则，但是大多数人不晓得谁先致富：是自己？银行？还是卖方？为了帮你避开错误，我先提供几个很少被提及的巧妙技巧，它们有助于你的财富增值得更快。

跟所有投资一样，要是你打算在良好条件下致富并快速获取资产，首要任务是搞清楚该买什么，在何时买入，以及如何买入。我先请你回答以下问题，再来谈谈提高不动产投资报酬率的方式。

阿基米德：现代金融的先锋

购入不动产的主要障碍是这类产品的高昂价格，因此需要借助贷款，并运用所谓的财务杠杆操作。阿基米德上场了，我们会发现在致富这个领域，杠杆操作原理即是致富速度的同义词。

“阿基米德跟致富有什么关系？”

阿基米德证明杠杆越长，撬起重物需要的力量越小。来看看如何在财务领域运用同样的原理。

杠杆操作包含四个要素（见图五）：

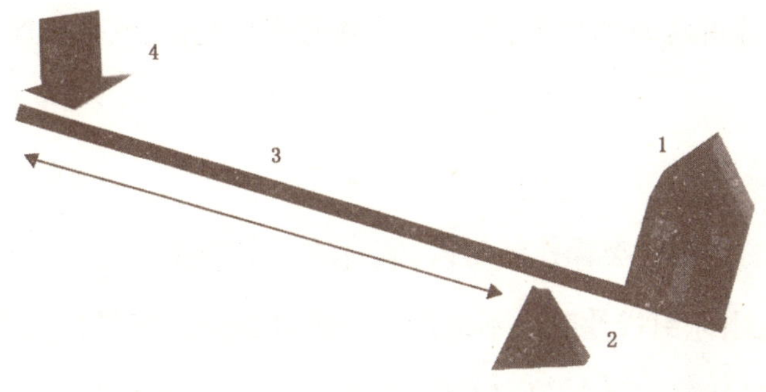

图五:购入不动产的杠杆操作

• 标的物。比如10万欧元的房子。

• 支点。杠杆的支撑点,也就是你自身的财务基础。这个支点必须足够稳固,才能撑起标的物的重量。稳固度取决于你偿还贷款的能力。

• 杠杆。一切取决于力臂长度。长度越长,要花的力气越小;长度越短,要花的力气越大。以借贷而言,杠杆力臂长度相当于贷款年数。假如你用20年摊还10万欧元,年利率为5%,你的月供是656欧元,假如把还款期减少为4年,杠杆力臂变短,你的月供提高到2303欧元,等于得多花3.5倍的力气。

• 施力。举起标的物所用的力,即你每月偿还的金额。这

笔钱可能来自房屋租金或是其他间接收入，比如省下的税金。你所施的力越大，举起标的物的速度越快，便越快取得财产。

“运用这类操作的时候，何时才开始赚钱？”

当你用贷款购入不动产，只有月租金高于贷款月供，你才开始赚钱。否则，你创造的财富，只有在出售的那一天才会转变成金钱。

“你说过年报酬率可能高达15%到20%？”

投资报酬率跟你创造的财富没有关系，它只是用来量化金钱的产值。暂且不管税金，假设你的自付款是10,000欧元，而购入的物产每年涨2.5%，也就是2500欧元。假如你将它出租，月租收入等于贷款月供，你的投资可说自给自足。在这样的情况下，年报酬率是25%，依投入金额的增值比来计算(2500欧元÷10,000欧元)。一开始投资5000欧元的话，你的报酬率在第一年就达到50%。你自己算后续的收益，请将财产每年的增幅列入考虑。你会发现跟储蓄存款2%的年利率天差地远。

要获得最高的报酬率，结论显而易见，你该遵守的原则如下：

投入的资本越少，报酬越大。

“所以说理想的交易是尽可能少付钱，月租金跟房贷月供相当。”

你都理解了。运用这两个原则，你必然懂得精挑细选，树立正确的不动产投资方向。

“好吧，可是有可能拉长贷款年数。”

很有可能。不过谨记这一点：就租赁投资来说，贷款年数多长根本不重要，假如你挑选的原则是月租＝贷款月供，付出最多努力的人是你的房客（高付出低收益），而不是你自己。

也别认为你得背负长期贷款。房租价格跟着房市行情走。你可以调高每月还款金额，但要注意维持同等房租收入。如此一来，还款期得以缩短，加快清偿债务的速度。

我想再谈一谈时间价值和时间价值收益这两个观念，探讨杠杆操作对两者的作用。还是用先前的例子，假设你5年前购入这幢房子，今天有位买家出价11万欧元。你当初如果以现金买房，你的时间价值收益是－408欧元（赔钱），因为以2%的年利率来计算，10万欧元今天应该增长为110,408

欧元。

运用杠杆操作买入房子的话，以5%的年利率分10年摊还，你每月支付1060.7欧元，每年约是12,730欧元。5年后，已支付的利息总额是19,840欧元，尚欠银行的贷款本金是57,020欧元。以11万欧元卖出房子的话，获利等于售价减去贷款余额，也就是52,980欧元（110,000－57,020）。要计算时间价值收益的话，你得再减去已付贷款的时间价值（3930欧元），以及缴付的利息（19,840欧元）。最后，你真正的获利是29,570欧元。

你又见证了杠杆操作的好处。在第一种状况下，你赔了408欧元，而在第二种状况下，你赚了将近30,000欧元。

“好吧，可是得把房子卖出才能得到这种收益，如果我在贷款偿清前没将房子转手，我会赔钱，因为每月付1060.7欧元，共计付120个月，总额是127,280欧元。没将时间价值算入，我已经赔了17,280欧元。”

你的看法是关键，而且跟所有投资工具都息息相关，也就是风险问题。你必须接受，凡是投资必有风险。不冒风险的话，你永远也赚不了钱，也无从致富。

“好吧，可是我辛苦工作赚钱养家。我不打算把钱拿去冒险，金钱对我和家人来说很重要。”

我完全明白你的立场。更何况，这也是多数人无法致富的原因。他们一旦投资完全陌生或无法掌控的东西就担心赔钱。然而，无论你做任何事都有风险。生命本身就有风险。不管是不是你这方犯的错，你每次开车上路就有出车祸的风险，你无法逃避。风险无处不在且无法避免。

既然你逃避不了风险，就有必要学习管理及控制风险。你得考虑报酬率和风险程度，你要记得，报酬率越高，风险越大。

再回到买房的例子。你签订贷款契约的时候，就冒了付不出房贷的风险。要降低风险的话，你可以并用这两种办法：

- 拉长贷款年限来分散房贷的财务压力，以较多利息来降低风险；
- 确定月租金等于或是略低于房贷。

"有办法计算风险吗？"

并没有确切的办法来计算风险。风险是未来也就是未知的一部分。你冒险前会评估状况，而评估的正确度取决于你的经验和知识，你可以多少判断达成目标的可能性。

再回到房子的出租，要评断风险高低，你得评估它的出租性，你要知道租金收入不一定如你预期。要是你要求的租金比行情贵两倍，你可能很难租出去。如果你确实办到了，报酬率势必相当高，将带来可观获利。相反的，如果比行情低两倍的租金就让你心满意足，你很容易就能把房子租出去，风险相对降低，不过你的获利也变少了。

风险越大，报酬率以及（或是）获利可能越高。

既然你事先无法确切地知道风险，你唯一能掌握的只有投资的金额。你投入的金钱越少，获利越可能倍增。

“在近年房价飙涨的情况下，我很难相信还有机会找到好房子，按照你说的原则，不用投入太多资金。公证费将近是房价的 7%。”

你错了。不管房市月供如何，总是有好房子。唯一的差别在于不同的时期，找到这些房子的难易度不同。让我告诉你一个真实案例。我刚购入一间小公寓，每户都已出租一空。不只房租总收入（每个月 2200 欧元）高于贷款月付额（1550 欧元，分 15 年摊还），银行还核贷房价的 107% 让我支付公证费，也就是总额 214,000 欧元。

我只是敢于开口要求，而且借口银行会核贷包含公证费的金额（事实上，我当时还不知道银行会核准），我在签约时只付了房价的 10%。最后，我没有支付半毛钱就买入年增值率达 3%的房产。在清偿贷款时，它的价值将超过 30 万欧元。

即使房价飙涨，我仍旧找到好房子，而且这绝非特例！不管房市景气如何，机会仍旧存在。你只要相信机会不是凭空而降，而是需要寻觅一下。你也许认为这是特例，难以仿效。我在那个礼拜又找到另一间有 3 户的公寓，售价是 137,000 欧元，用租金付贷款还绰绰有余。我也企图要买下。不过我交涉得太久，眼睁睁地让机会溜走了。

我从经验得知好物件是不等人的。即使我筛选出好房子，我不是唯一一位。市场越热络，反应越要快，碰上好机会，要懂得尽快下手。

另一个重点：别以为卖方的开价必然是成交价或是卖家心中的底价。等你有点经验就会发现，多数卖方都是漫天开价。我的意思是通常有讨价还价的空间。我后面会再详谈。

多数的好房子由买入价决定。因此必须正确判断，确保不致买贵了。别犹豫去讨价还价，运用刚才提过的原则，它们是绝佳的标准，让你过滤筛选出好、坏房子。

再说说我买的公寓。即使背负贷款，但我的目标可不是一直扛债。这间公寓有 7 户，加上顶楼可改建为第 8 户。以房租收入支付贷款还绰绰有余,余钱可用来支付税金和房屋维修费。我真正的目的是卖出几户来偿还全部贷款。根据估算,接下来的 3 年内,我只需卖出 8 户里的 3 到 4 户,便几乎足以清偿全部贷款。最后,4 户公寓完全归我所有,我没花一毛钱,而是用其他人的钱!

“什么,其他人的钱?”

对,就是其他人的钱,有房客付的租金和银行核准的贷款。以这种方式,卖出几户公寓来付清贷款,我成为 4 户公寓(估计总价值 15 万欧元)的真正持有人,它们每年给我带来约 15,000 欧元的收益,而我没花口袋里的一毛钱!

“如果我们有可支配的钱,为什么不用现金买房子,反而要借贷呢?你也说过,借贷就要付利息,是我们让银行越来越富有。”

杠杆操作的好处是以极少的钱或是不花一毛钱来购买昂贵的东西。所以说,如果你用现金支付,就发挥不了杠杆效用,你的投资报酬率将取决于房屋租金。另一个关键:通过借贷,杠杆作用让你用自己没有的钱创造出财富。自己投资的话,你只能用自己银行账户里的钱创造出财富。

你的问题还是值得玩味,涉及其他与致富有关的主题。第一个是我已经谈过的风险问题,第二个则是资金的保护。

假设房子着火了，如果你是以现金买的房，那么你就烧掉了214,000欧元。当然，如果你有妥善投保，保险公司会理赔。可是你不晓得会拿到多少理赔金，也不知何时拿得到。你也晓得保险公司是什么样子，收钱快，可是理赔时总是不慌不忙。如果理赔金迟迟没有下文，这一大笔钱就等于被绑住，而且你不再有租金收入。没拿到理赔以前，你承担的是整笔钱的风险。要是你只投入最少资本，在某些情况下，房贷保险公司会理赔，你的风险完全是零。

你用不着花钱就成为废墟的快乐持有人，214,000欧元还在你手上，你可以以5%或更高的年报酬率投资，加上你每月支付给自己的钱，本金持续累积。更何况你可以靠着这笔钱更好地掌握其他机会。

另一个好处：假设碰上意外状况急需用钱，你为了筹钱，势必得卖掉带来租金收入的房子。出售资产势必让你变穷，让你的收入缩减。

因此，我个人的观点是尽可能少付钱，以便尽可能降低风险。不管从事任何投资，我强烈建议你也奉行这条金科玉律。若不幸发生问题或财务纠纷，钱在你手上总是更有利于任何谈判。钱在你手上，你谈判的目的是弄明白该付多少钱；钱在对方手上，你得哭着要钱。如果你有过别人欠钱不还的

经验，你应该明白我的意思。如果你不曾有过这种经验，奉行这条法则，你将不会有机会体验！

“把每户公寓留在自己名下，继续出租不是更好吗？如果卖掉公寓，等于卖掉自动生钱的资产。”

这也是可行方法，根据你面临的情况和目标而定。以我买的这栋公寓来说，如果我是唯一持有人，我得独力负担一切维修和公用设施费用。卖掉其中几户的话，等于有其他屋主可以分担房屋维修费，而且还完贷款以后，我又能再借贷买房。

另一个要考虑的重点。只卖其中几户的话，我仍是最大的持有人。这表示我对公寓的任何修缮工程拥有最大的发言权，没有人能强迫我遵守任何莫名其妙的决议。这样，我还清贷款，而且仍然掌握全局。

“如果我理解得没错，我只需要找到 3 幢像这样的公寓，房租收入大于贷款月供，再等上 15 年，等完全偿还贷款，我可以安心退休，我到时就是靠租金收入过活的百万富翁！”

很不幸，不可能。银行会阻止你这么做。

“银行为什么要阻止我？我要借钱而且支付利息。我是最佳客户……”

他们反而害怕你……

银行喜欢借钱给什么样的客户?

银行在核准贷款给你以前,会检视几项条件,确保你有偿债能力。一般而言,银行会留意不让你的贷款月付额超过月收入的33%。如果你找到3幢这样的公寓,你可以靠月租金收入1500欧元来偿还房贷(一共4500欧元),而银行会要求你证明自己的月薪是房贷金额的3倍,也就是13,500欧元。当然,收入也包含日后可收取的租金,但是银行也会将你需要缴纳的费用列入计算:你的其他贷款、每月房租等等。

“没有办法克服这个问题吗?”

33%的门槛并非不可跨越。一切取决于你的背景、财产,以及你跟银行的关系。你要知道这个比率没有法律依据,只是银行核贷的安全基准。跟银行的说辞截然相反,这不是为了保障你的投资安全,而是为了防范他们的借贷风险。所以想让银行核贷33%以上的金额,你得让他们信任你。

“怎么样才能让银行信任我?”

答案又不脱离常识范围。你如果想让银行借钱给你,你得证明自己值得信赖。最好的方式还是先支付给自己。如果银行发现你在定期储蓄、你在理财,他对你的恐惧会减少。如

果你时常入不敷出，他当然会质疑你偿还贷款的能力，即使你根本没有负债。

“最多可以借到多少钱？”

依客户而定。拿我自己来说，我有几次能借到月收入的60%。其实40%就绰绰有余，不过这是不断和银行协调沟通的结果，我把钱放进银行的时候，他们爱死我了，等我要借钱，就开始嫌我，因为我没有正规背景，我的年收入波动极大，我也没有薪水条！

一般来说，银行不喜欢不符合常规的客户。一切照规矩来，他们才能不需判断就下决定。我的(他们的)问题在于，我不合乎他们的分类标准。跟有固定收入的人相比，我借钱会更困难，即使我的收入大胜有固定收入的人。可喜的一点是，既然他们没法敲几下键盘就作出决定，我的申请文件通常被上呈到主管阶层，这让我有机会和做决定的人面对面，他们的弹性就大得多了。

“你是有钱人耶，你还得起！”

我也以为是这样，可是事实大不相同。几年前，我打算购买自用住宅的时候，碰上千载难逢的机会。很棒的房子，有座美丽的花园，房主急着脱手，所以我很快签订了购买意向书。

我拥有的资金高于房价，不过全都用于投资，我要求银行以我的投资为担保，先核贷给我，等待我脱手现有住房。猜猜答案是什么？不行！他们拒绝贷款给我，就因为我没有薪水收入，他们认为借钱给我有风险！

你瞧，就算有钱，你仍然可能被拒于门外。对方额头上写着银行家，不代表他会变聪明，特别在金钱这方面。从那次以后，我对银行家抱着有限度的敬意，我对他们毫不让步。给各位一个好建议，不管在任何领域，只要确定自己有理就大方地要求。通常是最坚决果敢的人获得胜利。

自己当房东

再回到杠杆操作原理，我要提醒你注意一个重点。运用杠杆操作意味着使用贷款。将贷款期拉长对生活的影响较小，但是它仍旧是签约比偿还更容易的债务。因此，即使是为了购买资产，也千万别胡乱负债。审慎评估标的物的价值潜力，你不需要贪多。你不需要买下整条街才有办法致富。只要买对物产并妥善管理，你可以稳定地致富。循序渐进买入物产，审慎前进，不要看到第一个售房广告就贸然下手。

这也等于说，使用贷款购入出租性房产时，你必须收取相当的保证金，以确保可收到房租。你当了一幢公寓的快乐

房东(负债累累),不代表你可以任意妄为。银行核贷给你时为了提防你可能欠款不还,已将房子设为抵押。也就是说如果你无法履约,它有权拍卖公寓以清偿款项。

你得确认房客的支付能力,不要迟疑跟对方要求任何形式的担保。我将在后面保护财产的章节再来详谈这个问题。

另一个要考虑的部分:先前提到的财务安排以收取租金为基础。房子很可能有段时间租不出去,在没有多余收入的情况下,你还是得缴房贷。为了避免发生财务问题,务必准备至少相当于三个月房租的预备金。一旦你无法顺利出租房子,你可以免于惊慌,或者为了找到房客决定廉价出租。

另一个我使用过几次的诀窍,可用来避免动用到自己的钱支付贷款:假如买入的公寓需要整修,我会在正式签署购买意向书前的两个月,向房主索取房屋钥匙,我甚至把这点视为购买公寓的先决条件。目的是利用这段时间先行整修房子,同时安排看房。到了真正签约那一天,房子已经出租出去了,而我还没有开始还贷款。

固定利率还是变动利率?

银行在核贷时会问你想签订固定还是变动利率的贷款。

选择根据几个要素而定。如果你打算在贷款到期前还清一大部分或全部贷款，变动利率是很好的办法，因为你不需要为缴还本金付违约金(通常如此，但我强烈建议你跟借贷银行确认)。固定利率的贷款通常会收取提前还款的违约金，除非你事先处理好这个问题。针对这点：先行跟银行协商，别等到问题发生时再处理。你一旦签了约就有义务，你的银行没理由帮你的忙。

不过你还是可以试试看。我在偿还马铃薯银行(一些人晓得我指的是哪一家)的贷款时就做过。我没有事先谈好条件，我预期得支付惯例的3%的违约金。我放胆一试，结果对方同意不收取。你瞧并非一切都白纸黑字写明，毫无商量余地。你不开口问的话，永远没法知道答案！

如果你打算完全以租养贷，你可以选择固定利率。你可以明确知道月付额，你避开了由于利率变动带来的意外惊喜。通常变动利率会比固定利率划算，所以你也可以考虑并用两种方式。你只需要依据想还的金额和方式来决定两种方式的比重。

买什么物业来致富？

至于物产类型，挑选条件也是需要知道的常识。我建议

你寻找两房或三房的公寓，这是市场需求量最大也是交易最热络的房型。持有这类房子的话，在你决定出售或出租的时候才有最多的潜在客户。更何况这种小公寓的每坪租金较高。

房价也是关键。能还 10 万欧元的人远比还得起 100 万欧元的人多，这点不言而喻。房租也是相同道理。法国人的平均月薪是 1800 欧元，500 欧元的月租会比 3000 欧元的月租吸引更多的房客候选人！

接着是购买新或旧房的问题。买旧房的话，地点不要离你的住处太远。如果离得太远，你不会那么殷勤地照料房子。如果你买的是新房，可以省去一大半问题，因为接下来的几年，你不会碰上多少维修问题。无论是哪一种，你都可以交给物业管理公司负责，费用是房租的 1%。

房租价格也依地区而定。在巴黎高级地段，1000 欧元的租金很常见。在平民区的话，不可能收取这样高昂的租金。因此，你得根据物产所在地区，将租金定在大多数人可接受的范围内。在出租的时候，要确定房屋状况良好。可马上入住的房子会有较高的租金，而且很快能租出去。

另一个需要注意的信息是，不管你是住在城市或乡村，市场对独门独户的房子需求量都很大。如果你持有这种房子，坪租金会比同等面积的公寓高。

租金年报酬率也很重要。租金年收入除以房价加公证费即是年报酬率。以先前提过的房子为例，年报酬率为(2200×12)÷ 214,000，也就是 12.33%。我建议年报酬率不可低于 7%。你可以以这个基准判断房价是否过高，这往往是房市飙涨期间常见的情况。

“你不觉得吹毛求疵吗？”

你的条件越多，可供选择的对象肯定越少。请记住你不需要在一年内买 10 户公寓。7 到 8 年期间买一户就可供你致富了。要让你的钱妥善工作，你得把它放在正确的地方。假如你今天找不到合乎条件的对象，你明天会找到的。每天都存在着机会，只需要有点耐心……而且积极地寻找。

你可以投资的不动产不只有房屋，停车场也是绝佳选择，而且优点多多：

- 价格较为低廉，较多人买得起，也更容易申请到贷款；
- 收不到租金的风险较低，拖走一辆车比摆脱难搞的房客简单得多；
- 维修费用较低。

别去购买停车场经营权。这类经营权有时间限制。应选择大都市的停车场，乡间对停车场的需求较小。

商用房屋的话，只要可以变更为住宅，也有获利空间。商用房屋的市场景气跟住宅市场无关，要评估对象的增值潜力，只需比较每平方米包含改建费用的成本。变更用途并非任意可行，你得向市政府申请。是否获得许可，主要取决于它们的需求量。

空地也是很好的目标，只要妥善管理，它们也可带来可观收益。不过从这类物产获利的方式大不相同，因为你很难将它们出租。你要晓得潜在买主不是寻觅一定面积的土地，他们只在找建地，你可以考虑把一片土地分割为好几块。这么一来，你能以较低的售价出售分割的土地，每坪的价格却较高。就像变更商用对象的用途一样，要顺利进行这类操作，你得先确认市政府是否同意。

也有无法分割的土地，可是面积足供兴建好几间房。假如你有创业者精神，你可以兴建一间公寓，出租它们，或者卖掉一户到几户来偿还部分贷款。用这种方式，你通常可以提高租金年报酬率，同时摆脱债务。

另一种可能性：购买非建地，通常被称为农地。这类投资的投机性强，因为你买入的是负债，假使它有一天成为建地，也许能增值,但是无法完全保证有这么一天(再看一次关于资产和负债的投资原则)。相反的,如果农地有一天成为建地,它将大幅升值。

假如你对这类买卖有兴趣,把目标放在邻近市区或四周已有房子的空地。都市往往一步步向乡村扩展,市政府根据人口需求让土地变更为建地。土地周围如果已有居民,土地变为建地的机会越大。一点小警告:有些地主会以农地不久将变更为建地的理由抬高价钱。你要知道这是由市政府来决定的,而不是卖主。

另一个得避免的错误是:地点不佳。假如售价低廉,通常有可以解释的好理由。我说的不是低于市场行情的好房子,而是完全不好的区段。就我个人经验,要转手冷门地段的房子,通常很难,有时得认赔出售。在景气差时,好地点的房子抗跌性较强。通常因为居住在这些区段的人比较富裕,如果对售价不满意,他们还有办法等待价格回温。

简单归纳,在不动产领域,你得精挑细选有可能轻易自给自足的物产,不管是藉由租金收入,或是出售一部分物产来偿还部分贷款。想顺利转手,找到买主,你得购入必要的物产,这跟一般消费习惯没有两样。越是不可或缺,你有朝一日越容易转手或出租。

“这表示别考虑购买度假别墅喽？”

当然，度假别墅并非必要。我不建议你投资这类物产。它不只难以带来收益，等你打算转手时，也很难卖出。你可以为自己买一间，只是你要知道它绝非致富工具，而是花费有去无回的负债。

“等一下，你说别墅带来的花费有去无回，住宅也一样有花费，可它为什么却是资产？”

跟许多房主以为的不一样，你如果买入别墅，你买的是无法带来收益和收入的负债。你只是付房贷和所有相关费用，一毛都不能少（跟租赁性物产截然不同）。但是买房有助于致富，一旦清偿贷款，它不再是吃掉收入的必要开销。尽管如此，你也可能在买房时受其他因素的影响而变穷，比如时间。

何时不该购买不动产？

我现在住在 67 坪大的房子里（请见第十章），月租 2900 欧元。这栋房子目前市值 120 万欧元。假如我决定贷款购买这间房子，以年利率 5%计算，分 20 年摊还，我每个月得支付 7920 欧元。

将这笔钱长期投资，以同样的5%年报酬率计算，我每年获利6万欧元。然而我每年的房租总计只有34,800欧元，这代表每年能存下25,200欧元，我可以用来购买可带来收入的其他资产，再以这笔收入支付房租。

那么我买这栋房子有好处吗？根本没有！

贷款买房的话，我背上沉重的债务，等孩子们长大离家，这间屋子届时变得不符需求。假如我无法或者不愿用现金购房，银行会要求我的收入是房贷月供的3倍，也就是每个月24,000欧元！更别提我投入如此可观资金的风险，又得不到任何收益。用租的话，我有一间相当舒适的房子可住，我保留可以支配的资金，以及根据个人需求换房的可能性。这样算起来，我没必要买房。

我晓得这些金额远高于多数人的真实生活。我的目的只是向你证明，别因为你有钱可付就付，你得运用财务智慧来聪明负债。你可以把这个例子或是后面的例子运用在生活里。

除了这些数据和财务考虑，拥有自己的住所必然带来安全感。对于该不该拥有这类负债的问题，答案不只存在于财务方面，也没有绝对答案，因为不动产问题还涉及个人安全感的心理层次。

拥有自己的住所显然可让人平静地规划人生。这是我为什么建议你，跟所有用来买入负债的贷款一样，你得尽可能少借一点，尽可能早日偿还。这是购买自用住宅的首要任务。

不管是哪种情况，不管你做哪种决定，我认为持有不动产非常重要，再说在法国，基于两种原因，风险相对有限：

- 即使从1998年以来，房价大幅飙涨，但这也许是投机性泡沫，房价仍然远比其他国家低，比如英国、西班牙或是卢森堡。
- 法国有全欧洲最高的人口比率。这表示住房需求量每年都增加，你可以轻易找到房客或是买主。

财力不足该怎么办？

我试着要更贴近现实，我要告诉你许多人在房市飙涨期间的遭遇。

没有小孩的一对夫妻想购房。他们看中的房子价值 20 万欧元。两人月薪合计 3000 欧元。以 20 年期房贷、5%的年利率计算，他们每月得支付 1320 欧元，占薪水收入的 44%。

在这种状况下，没有一家银行会核贷这笔款项。他们有解决方法吗？将贷款期限拉长吗？

要借 20 万欧元，又不超过薪水 33%的比率，也就是每月 1000 欧元，他们得把贷款期限拉长到 35 年！在这期间，原本的这间房子恐怕有 100 次机会变得不符合需求：生小孩、小孩长大离家、离婚、调职、失业等等，更别提他们主要支付的是利息，确切地来说是 224,000 欧元，大部分的利息在头几年支付(高付出低收益)。我还没算购房的必要公证费，以及银行一般会要求的购房首付款。

房子也许会增值，不过参考不动产中介经纪公会的数据，我们得知每笔不动产平均在购入 5 年后转手。这表示在 25 年期间，他们每次买入的房子平均售价为 25 万欧元，每次购房相关花费为 2 万欧元（交易金额的 8%），总计为 10 万欧元，相当于一半法国人的平均财产！

另一种可能性就好多了，除了有房子住，还能致富。对他们而言，最好的方法是以租养贷，买入房价不超过财力负担的不动产，奉行月租与房贷月供相当的法则，将房子出租给别人。等找到房客，他们再根据自己的需求寻找合适住处。等他们想生小孩，就改租符合需求的公寓。住处变得太小或太大时就是搬家的好时机。

这个方法的好处多多。如果他们最终希望拥有自己的房子,当初出租的房子既是未来购房的资本,也是因应房市变动的保障。因为如果房价每年上涨3%，等过了10年或20年,他们更没有财力买房子,当然他们薪水的涨幅大于房市升幅就另当别论(没有人可以预测)。靠租金(也可用来先支付给自己)支付买房的贷款,他们可以开始致富,间接让他们有能力买以后的住所。

通过这个小故事,你可以分辨根基于财务教育做出的智慧判断,以及缺乏深思熟虑的行为。如果这对年轻夫妻决定接受财力不足的事实,在最好的状况下,他们可以先租房而居,同时存够购房资金。他们能思考另一种解决之道的话,在租房的同时开始致富,累积出一笔财富,而购买力丝毫未减。第一种情况下，他们得做出牺牲和冒险来支付家庭必要开销,得花好几十年才能开始致富(高付出低收益)。另一种情况,他们立即开始致富,同时保有同样收入(低付出高收益)。

哪里能找到好房子?

我要是说买得越便宜,致富的速度越快,你肯定不会惊讶。注意，我说的不是售价，而是跟市场行情相比的价格。你得熟悉房子所在区段的行情，才能估算出它的真正价值。所以，请深入研究，跟周围邻居、商家打听，询问住在那一区的朋友，掌握当地的房价行情。

房屋中介公司是绝佳的信息来源。当然，他们的工作是卖房子，倾向鼓励你购买。但是他们也知道哪些房子价格合理，哪些不合理。他们要把房子卖出去，而不是在橱窗贴广告，他们不喜欢接手售价高于行情的对象，因为很难卖得出去。

所以，要改变漫天开价的卖主心意，这些中介公司可以发挥功能，在必要时，他们可以出面斡旋价钱。总之，我发现通过中介公司买房，价钱总是更划算，条件更好。

还得考虑的一个重点：信息的流通。大部分的中介公司会在网络或专门的报纸上刊登广告。等许多人看到广告，真正的好房子势必抢手。在房子公开刊登前能掌握信息对你有利。好好跟中介公司业务员培养交情、搞好关系，他们是最先掌握到交易信息的人。

最好的交易是找到售价低于市场行情的房子。一般而言，卖主越急越容易妥协。以聪明的方法向他们提问，别再犹豫了。你需要的是弄清楚他的动机，但要避免用惹人发怒的

愚蠢问题发问，比如："你为什么要卖？"除了他想搬家之外，其余都是他的私事，与你无关。你可以避免激怒对方，也省得对方反问你为什么要买！

如果房主急于脱手，他清楚自己的不利处境，很难心平气和地卖房。他绝不可能坦白地告诉你这一点。请表现出兴趣，如果他晓得你是可能的买主，他也许更容易对你开诚布公。

出售的遗产也是绝佳的机会，特别是继承人不止一位的时候。跟一位卖主杀价 1 万欧元的话，他得独自吸收价差，所以可能会马上拒绝。如果你跟三位卖主砍价，差价由三人均分，他们会更容易接受。况且遗产虽是亲人过世遗留的，总是被当做（法律上）意外之财。

拍卖的房子该买吗？

"你对拍卖的房屋有何看法？常看到房子贴着这类告示，售价很诱人。"

你看到的价格是开拍价格，也就是拍卖的起标价。我参与过好几次这类拍卖，从来没有机会买入房子。我看过一些人完成了很划算的交易，也看过一些人有过糟糕经验，付出高得不合理的价格。

除了一些特殊案例，我认为拍卖基本上是专家和熟手的市场。一天拍卖的十几幢房子里，你无法事先知道哪个是好房子，你有可能随便买。所以你得事先访查所有拍卖的房子，才能决定出多少价才是划算交易。你也得知道拍卖房子的经纪佣金相当高，将近房价的20%（跟一般7%的公证费相比）。

假如你赢得竞标，你非买不可，不会因为银行是否核贷（买主如果拿不到资金可以解约）享有宽限期。如果你没办法遵守交易承诺，标的将再度被拍卖，新的得标价如果比你的得标价低，你得支付价差。这就是所谓的疯狂拍卖。

最后一件事：就算你是最后的出价者，也不见得赢得竞标。十天内，另一位买主可以再出价，价格至少要高出一成。这么一来，物件再度被拍卖，起标价是这位买主的出价。

不动产和企业

如果你是企业主，杠杆操作有双重好处。你可以考虑用个人名义购入商用对象，再租给自己的公司。这样做好处很多。一方面，公司的花费没有变，因为总得租办公室跟付租金，而这笔租金进到你的口袋。另一方面，这有助于你致富，你可以依照利益考虑调整租金，只要维持在合理范围。如果你把租金提高到行情的两倍，国税局会认为你故意让公司避税（因为公司花费增加）。如此一来，你有可能被罚款，并被迫调降过高的租金。

杠杆原理的其他运用

最后我想谈谈杠杆原理的其他运用。事实上，它不只局限于财务领域，也被运用于日常生活的不同情况。

别人的钱：我们提过的图表正是这种典型例子——你用房客支付的房租来缴房贷的全部或一部分，也就是银行借你的钱。除了不动产贷款，你还可以使用别人的钱，特别是银行的钱。回想一下我那些报酬率为 11.75%的债券。由于这些债券的评级佳，风险极低，我向银行要求以债券投资为担保借贷。一拿到贷款，我马上用这些钱买入相同的债券，最后的投资报酬率达到 18%！

别人的经验：如果你的目标是致富，最好的学习方式是利用别人的经验，向那些展现创造财富能力的人学习。你可以通过阅读或是参与课程吸收这类经验，快速获取别人长时间累积的专业知识，这就是杠杆操作。

别人的时间:你找律师、画家或是所有其他专门领域的专家协助,是借助对方的能力和本事,比你亲自来做更能迅速、有效地解决问题。你每次请求专家的专业协助就是运用杠杆操作,你可以省下许多时间。

别人的工作:雇主和雇员间的关系基本上是杠杆操作。雇主依照雇员的能力和才能,将专业的工作委任、分配给每个人。

依照情况运用这些不同的杠杆操作,你会省下时间,同时更快速地致富。这正是富人运用的原则。

好了,我认为你对不动产和它提供的可能性已有更深入的了解。如果你对这一领域感兴趣,或是你有心投入(后面会谈到的其他投资领域),我建议你别贸然尝试,行动前先证实我提过的一切。多数的不动产交易并不复杂,而且都有公证人,每位交易者大可安心。但你也不能因此任意妄为。请记住,每笔交易都花钱,而这些投资的首要也是重要的目的,是让你越来越富有。

6
股票

牛股

股市:永恒的悔恨华尔兹舞。

——罗斯切尔德(Rostschild)

谈过投资和不动产，现在该提起我最爱的一项游戏——股票投资。因特网革命令股市交易普及化,许多人发现股票并非专属于特权阶层,相关的知识并非特定圈子的秘密。

股市反映经济景气的兴衰循环和产业发展。企业不成长就会消失，企业获利才能带来股票价值增长并派发股利,股

价才会上涨。

有两种方法参与金融市场活动:投资和投机。两者的特点截然不同。

投资者的目标是持有一家或数家公司的股票,期望股价上涨,这样一来,他们卖股票时才能获利。要获得可观收益,你得长期持有股票,短则数月,长则数年。耐心持有是必要的,除非是特例,因为任何一家公司的新发现或发明不会在朝夕之间获得重视。持有股权也意味着如果公司获利,你每年都能够分配到股息。这样的投资能够创造财产和累积财富,我们感兴趣的正是这个部分。

投机或短线交易是以快速获利为目标介入市场。投机者试着预估短期市场波动,选择适当时机进场再尽快出场。这些人不只进行股票投机,也投资货币,比如美金或欧元,甚至是期货交易。短进短出的操作从几分钟(术语称为:日内交易)到几天不等。由于只是短期投入资金,其主要目的是赚取差价。

投机领域的个中高手有能耐每年创造数百倍的获利。虽然我就这个题目出过几本书,身为投资者,我强烈奉劝你们别投入这种金钱游戏。这是需要花费许多精力、时间并遵守严谨纪律的活动,只有极少数人做得到。

也就是说,不管是投资者还是短线交易者,我们都是潜在的投机者,因为我们是为了赚钱才投资股市,而不是为了赔钱(我相信是这样),只是投入的时间不同。

再回到投资,更确切地说来谈法国股市和它的指标CAC40指数(译注:巴黎股指。由巴黎证券交易所以前40大上市公司的股价来编制,基期为1987年年底)。正如其名,CAC40指数由40家上市公司构成,它们的股票占股市总值的最大部分。巴黎股市由Euronext交易所掌管,这家公司本身也是那40家公司之一。它也掌管阿姆斯特丹、布鲁塞尔和里斯本的证券交易。CAC40指数不是巴黎股市的唯一指数,还有范围更大的指数SBF80或SBF120,组成的股票资本额较小。

既然已稍微了解了游戏规则,我们得回答下列三个问题:

- 何时买?
- 何时卖?
- 如何买?买什么?

何时买？

先来看看 CAC40指数自 1987 年年底创建以来的表现(图六和表二)。

自 1988 年以来，尽管有 21 世纪初的狂跌（图六的箭头),但你会注意到 18 年间只有 6 年是下跌的。更仔细地观察,发现 1995 年和 2000 年的跌幅几近于零。这等于说,每年在 1 月 1 日买入,在同一年的 12 月 31 日卖出,你有三分之二的机会可以赚钱，年报酬率高达 50%(1988 年和 1999 年)。

年	报酬率	年	报酬率	年	报酬率
1988	57.39%	1994	-17.06%	2000	-0.54%
1989	27.14%	1995	-0.49%	2001	-21.97%
1990	-24.59%	1996	23.70%	2002	-33.75%
1991	17.01%	1997	29.50%	2003	16.12%
1992	5.22%	1998	31.47%	2004	7.40%
1993	22.09%	1999	51.12%	2005	23.40%

表二:CAC40 指数自创建以来的年度表现

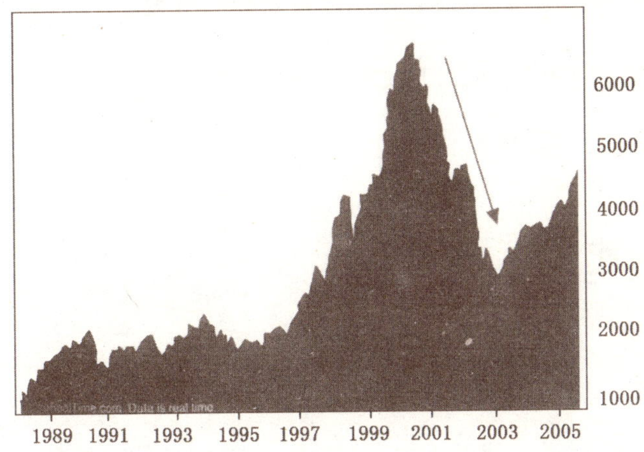

图六:CAC40 指数自 1987 年到 2005 年底的演变

也有惨赔的状况:1990 年爆发的第一次海湾战争导致了 2000 年到 2002 年创股市史上最大的跌幅。尽管股市暴跌,CAC40 指数从 984 点上升到 4715 点, 在 18 年间 (自 1988 年到 2005 年底)达到 380%的获利,相当于复利 9.2%的年报酬率。

事实上,获利更多,因为投资 CAC40指数股票,你也能够分配到股息,每年约 2%。因此,最后的总报酬率达到 11%。

第一个结论:你得投资(也就是说长期持股)才能赚到价差。问题在于你无法预知每一年的涨或跌,这绝非是让人高兴的事,因为你得承受下跌那几年的亏损,才能在它翻涨时获利。所以我要告诉你,对于股市投资:

如果不愿接受亏损，你永远没有获利机会。

第二个结论：你越早买越快致富。回答何时买入这个问题，答案是：**现在**！

何时卖？

至于第二点，著名的美国投资家华伦·巴菲特（Warren Buffet，全球最有钱的人之一）认为，卖股的最佳时机是50年到永远别卖！

你得把股市投资视为比储蓄更迅捷的致富工具，报酬率远高于通货膨胀率。所以在投资期间，你必须用支付给自己的钱不断追加。你也可以考虑保有股票，将配发的股利当作额外收入。因为每年的股利不同，它们不能被视为稳定的收入来源。

如何买？买什么？

现在要来谈一谈我称为平均成本的简单技巧，它也完全切合先支付给自己的法则。这个技巧人人都可应用，不需要任何专业金融知识。它让你能够减轻下跌年份的冲击，从上涨年份得利，同时投入相当合理的金额。你唯一要做的是每个月定额购买某一只股票，我稍后会谈到怎么选股票。

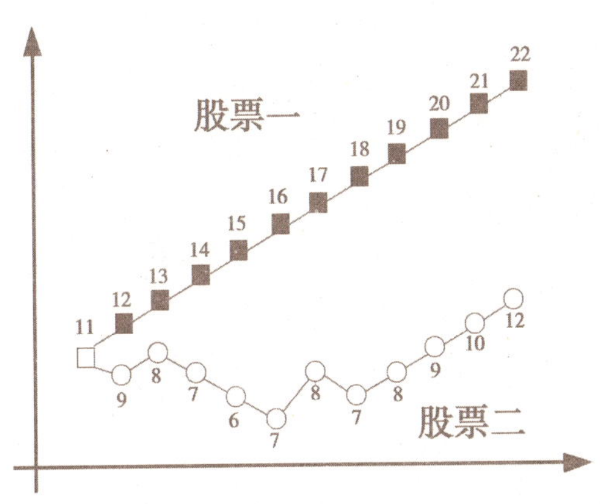

图七：两只股票的投资模拟

为了更进一步解释此技巧的运作，请看一下图七的两只股票，告诉我你想投资哪一只。

“股票一看起来不错，因为它持续上涨。”

我就猜到你会选第一只。虽然我明白你为何做出这个选择，但它不一定是最好的选择。为了证实这一点，我请你每个月各投资100欧元购买这两只股票。

即使股票一在一年内飙涨100%，平均报酬率为31.3%，股票二却带来更多获利，股价虽上涨9%，但平均报酬率却高达38.3%（请见表三）。

	股票一价格	股票数	股票二价格	股票数
一月	11	9	11	9
二月	12	8	9	11
三月	13	8	8	13
四月	14	7	7	14
五月	15	7	6	17
六月	16	6	7	14
七月	17	6	8	13
八月	18	6	7	14
九月	19	5	8	13
十月	20	5	9	11
十一月	21	5	10	10
十二月	22	5	12	8
总持股数		77		147
价值		1576欧元		1660欧元
升幅		100%		9%
报酬率		31.3%		38.3%

表三：图七两只股票的投资模拟

当然这是我刻意安排的例子。我只是想证明：**要致富，不一定要寻找有望飙涨的股票**。这也等于说，你不需要预知未来，因为你已经有能力掌握未来。

这个法则对任何股票都适用。它以一个事实为基础,说明股价越低,你越有机会以较好的价格买进更多股票。如此一来,股价上涨时减小涨幅的冲击。

“好吧,但是要让这个法则运作,股价非上涨不可。要是股价下跌,就算我买入更多股票也赚不了钱。”

完全没错。所以一部分问题在于找到升值潜力较高的股票,好让风险降低。这是要自行判断的部分。

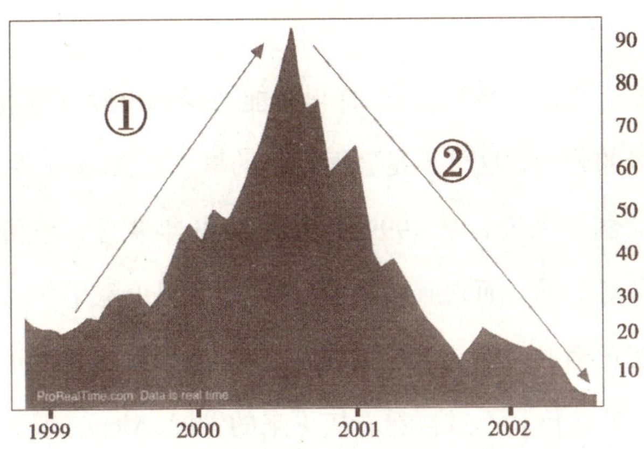

图八:Alcatel 股票

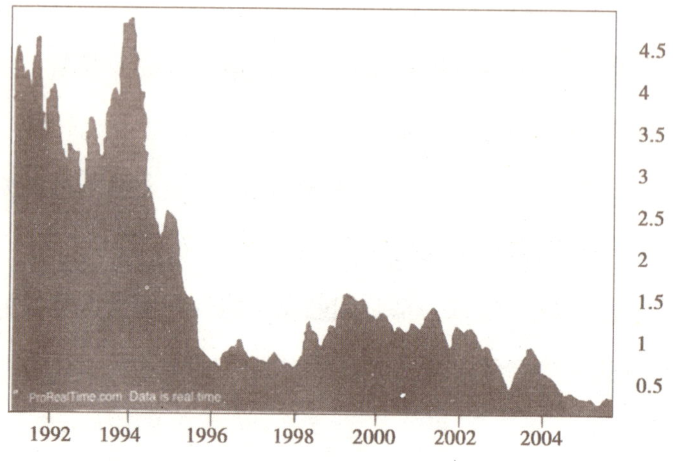

图九：欧洲隧道公司（Eurotunnel）股票

要运用这个技巧获利，你得有能力辨别出股价有潜力稳定上涨的公司。这可不是轻而易举的事。以 Alcatel 股票（图八）的例子来说，从 1999 年初到 2000 年 9 月，股价上涨 500%（箭头①），而它所属的 CAC40 指数只上涨了 70%。如果你在正确的时机买入和卖出 Alcatel 股票，你显然可以赚入可观的差价。不过再看看接下来的发展，Alcatel 股票从它的历史新高（97 欧元）股价惨跌 98%，只剩 2.5 欧元（箭头②）。

另一个例子。2005 年底，著名的欧洲隧道公司（Eurotunnel）股票让数千名小股东的财产化为乌有，每股跌到 0.3 欧元（图九），更别提其他的网络泡沫股票，今天已经消失殆尽。

另一个要考虑的重点,你可晓得20世纪初组成道·琼斯指数(美国股市指标)的30家公司,没有一家幸存到现在!

“你说的故事真令人难以相信。你的意思是不该投资股票吗?”

对,也不对。如果你有能力找到一只或是几只好股票,它就像头彩,是绝佳的致富加速器;因为一般而言,股价总是比指数上涨得快。问题在于必须找到拥有长期增值的潜力股票。所有的问题都集中在这一点,而且我假定你不是金融市场专家。

重要警告:你如果对股票投资感兴趣,在你没有坚固知识以前,我强烈劝你不要贸然投入。相反的,我认为股票肯定是赔钱的最好方法。我看过几十个投资新手倾家荡产,因为他们仅读过几本书或是长期订阅过金融杂志,就自以为熟悉股票。股票投资比其他投资方式更需要基础知识,因为你直接投入金钱,可随时精确计量它的价值,这导致你产生料想不到的心理压力。我后面会再提到。

回到我们一开始的问题:如何选股?我先前提过CAC40的价值在18年间涨了4倍,带来超过复利11%的年报酬率。在同一时期,有些公司上市,有些公司消失,可是CAC40

指数仍然存在。原因很简单:指数跟公司不一样,它不会破产!一家公司消失以后,它的股价自动被摒除指数之外,由另一家公司取代。也就是说,如果你投资指数,你破产的可能性几乎是零。

“该怎么投资 CAC40呢? 买入所有 40 只股票吗? ”

当然没这个必要。有办法解决。CAC40和所有指数一样,它并非物质性,它只代表所有组成股票的涨跌。所以,要投资 CAC,我们要运用能够复制它波动的产品,也就是 SICAV 基金(*Société d'Investissement à Capital Variable*,可变资本投资公司),亦即所谓的指数股票型基金,可让你投资在指数,并通过它的涨跌得利。

实际上,这些指数股票型基金的管理人或(和)创建人买进组成 CAC 的 40 只股票,创造出和指数波动一样的单一股票。比如 LYXOR ETF CAC40 股票型基金或 EASY ETF CAC40 股票型基金都是如此。给你提供一点情报,这些股票型基金皆合乎编号 FR0007052782 和 FR0010150458, 也以 CAC 或 E40 命名(你在进行交易时,必须告诉基金经纪人这些编号),它们的价钱相当于指数的 1%。也就是说,CAC 指数达 4000 点时,CAC 指数型股票价值 40 欧元。

现在假设我们使用平均成本法, 从 1988 年 1 月 1 日到

2005年年底购入股票型基金，如果你每月投资100欧元,你今天会拥有51,041欧元。事实上,金额远高于此,因为我没计算这段期间内分配的股息。假设股息每年为2%,你又把这笔钱投入购买基金,你最后的资产将增长为62,000欧元。

我也假设你在这段时期定期定额投资。事实上,你的薪水很有可能调涨，至少随着通货膨胀率调升，也就是每年2%,这表示你每年投资的金额也多了2%。也就是说,你在第二年的每月投资为102欧元,第三年为104.04欧元,以此类推。这是非常重要的部分,将此数据纳入考虑的话,最终的数字将接近74,000欧元,而每月只需定额投资100欧元!

“指数股票型基金只包含指数类股吗？”

CAC之类的主要指数显示组成公司的总体进展。这些公司属于不同产业。Alcatel属电信类股,Total属能源类股,Aventis属医疗科技类股。

每一产业类股皆可被视为副指数,股票型基金随着它们的表现变化。如同CAC40指数,如果有一家公司倒闭,或是被别家并购,也就脱离副指数,指数不致遭受相同命运。

“该优先选择指数或是产业？”

产业指数如同股票,比主要指数成长得更快,尤其是它由产业的每只股票组成。因此,投资产业型基金的收益更高。

不过请注意，如果波动性大，意味着易涨也易跌。

未来几年的市场

虽然平均成本法可减轻下跌年份的冲击，但能辨别法国境外的其他指数或未来几年有潜力蹿升的产业，也是有意思的事。展望未来，接下来数十年相当看好的国家包括中国、印度、巴西、俄罗斯。为了从这些可能的飙涨获利，你得通过特别指数型基金或是包含这些国家股票的 SICAV 基金投资。

你也可以选择几个产业。比如，人类总是需要能源，这是全球经济不可或缺的必需品。目前此产业主要是石油公司，明日又可能是其他能源，或是其他公司。总之，这一类产业有极高机会再存活数十年。农业食品或是医疗科技也一样。因为全世界将有越来越多的人口，他们需要食物，需要医疗服务（必需品概念）。

你瞧，未来的经济分析相当清楚，从常识即能判断。

“可以用杠杆操作购买指数型基金或股票吗？”

可以，但是我强烈建议你别这么做！

“真让人惊异。你说过杠杆操作能让我们更快致富！”

没错，但是就股票而言，情况大不相同。法国股市的法规容许你以 5 倍的杠杆操作购买股票。也就是说拥有 100 欧元,你有 500 欧元的购买力。举例来说,如果你投资 CAC40 指数型股票基金,这支基金上涨 15%,你的本金报酬率将是 15%× 5,也就是 75%。乍看相当吸引人,然而事实并非如此。你会发现使用 5 倍的杠杆操作犹如玩俄罗斯转盘,还等于把五颗小球放在同一个转盘里!更别提要是你把钱赔光光,而帮你下单的经纪人照赚不误,因为不管你的交易是赔或是赚,通过经纪人是必要的途径。

首先,就算获利乘以 5 倍,别忘了赔钱时也一样,而且你会赔得更快,因为要是 CAC 下跌 10%,以 5 倍的杠杆操作,你的资金将损失 50%。

"可是只需要耐心等待,长期来说,股价总会上涨。"

这话差不多正确。当你使用 5 倍杠杆,起码要缴交易金额的 20%当保证金。现在假设股市并非下跌 10%,而是 20%。在这种情况下,你的资金将变成零(-20%× 5=-100%)。假如股市下跌 21%,你将超过担保比例的最低标准。为了继续游戏,你得再投入一些资金,这是行话所谓的追加担保。如果你无法支付,证券商有权卖出你的股票。即使时间站在你这边,股市在几天后回升,然而,一如往常,你总是事后才知道!你最后惨赔,根本没有因为股价上涨而赚到钱。

“我同意这个例子，但是可以使用倍数少一点的杠杆操作。比如两倍,保证金少一半,我们可以有更多余裕操作。”

你的看法绝对正确,但是还有另一个层次要考虑,即法国专属的问题。要使用杠杆操作,你得开立特别账户,由 SRD(延迟支付机构)管理。你一开始用杠杆操作投资,就得支付投资总额的利息,因为杠杆操作不过是一种贷款。更别提你最后还得支付给证券商固定费用,金额多寡各家不同。

还没完呢!你在当月购买的股票,SRD 允许你延后缴款。然而每到月底会清算一次。你这时得指示经纪人,看你要支付全额费用,以确认保有当月融资买入的股票,或是你希望延迟支付,继续使用杠杆操作。

证券商每月会针对你的延迟缴纳收费,金额相当于交易手续费(依各家证券商而异)。交易手续费至少是交易总额的0.5%,你至少得获利 6%(0.5× 12 个月),才能缴清延迟费,接下来才算赚钱。如果把杠杆操作的借贷费用也算入,轻易就达到 8%到 10%的比例! 更别说你还有更多税要缴。事实上，为了让你的股市获利免于被课税，你的股票必须存入PEA(股票储蓄账户),它和 SRD 账户无法互通。

中介人

要购买股票或是其他金融商品,你必须使用中介人的服务。你有两种选择:**通过银行,或是网络下单证券商**。

传统的银行通常收取高额的交易手续费,特别是买卖股票或指数型股票基金。大部分状况下,你得支付固定手续费加上交易金额的1%。请特别注意这个部分,因为根据投入金额的不同,这些费用很快变得可观。举例来说,每月投资100欧元,如果费用合计是10欧元,相当于投资金额的10%。你可以累积每月的定额资金,3个月买一次股票来避开这个问题。如此一来,你就可减小交易固定费用的影响。

指数型SICAV也是一样的道理。银行通常也收取2%到4%的管理费。我强烈建议你先跟银行确认清楚再投资,同时注意有些银行提供规划好的金融产品,这些产品完全合乎平均成本法技巧,费用也相当合理,你可以向银行咨询。

网络下单证券商是更为专业的中介人,他们只处理储蓄型或投资型金融产品。他们收取的费用相当低,对你的股票或指数型基金买卖费用影响较小。

你有许多的SICAV基金产品可供选择,手续费不高。如同股票,你可享有一些产品手续费的优惠,甚至完全免费。不

过别抱有幻想，没有人会免费工作，特别在金钱相关的行业。你也许需要支付账户管理和维护费作为交换。

如果你对这类产品感兴趣，我建议你上网，在搜索引擎网站中搜索 SICAV。这是找出市场上不同公司和产品的最好方式。

股票和情绪

平均成本法易于操作，可是要让它完全有收益性，意味着你得完全赞同我提及的规则，并且严加遵守。我由经验得知，你们中有许多人在股市重挫时会急着卖出。我完全明白你们的动机。假如你面临过股市 2000 年到 2002 年间的长期低迷（请参见图六的箭头），你更需要有许多勇气和克己意志，才能继续定期定额买入股票，看着它们天天下跌。每次交易都让你更加忧虑，让你的心理经历严酷考验。

股票像是金钱游戏，但它更是心理挑战，两种强烈情绪不断出现：恐惧和贪婪。

当一切似乎很糟的时候，恐惧出现，你担心赔钱所以急着卖掉股票。

相反的，贪婪引诱你不停加码买进股票，毫不遵守自己约定的频率和金额，以致风险增加。疯狂购买的主要动机来自害怕看见股价飙涨……而自己没有参与。最后,你通常买在高点。

所有曾经投资股票的人都晓得我的意思。如果你还不曾踏入这个竞技场,你很快就会体验。

你的情绪不只在股市展现。你每次投入金钱,它们总不时来跟你问好。对比你当下的财力,投入的金钱越多,压力越大,导致你做出错误决定。恐惧促使你卖出,贪婪让你买入。你都是基于一时冲动行事。

另一个要考虑的地方是:你越是容易参与,你犯下的错误越多。要卖出股票,你只需要拿起电话,告诉你的经纪人出清持股,或是通过网络下单。过 30 秒,卖出的款项已进入你的户头。

不动产投资有个好处:你卖出物产要花的心力以及交易的时间就像滤网,让你避免过快下决定,以防接下来后悔。

该谨记的原则如下:

就投资领域而言,如果你任凭情绪左右决定,你会赔钱……

"你在告诉我们,一时的情绪反应所做出的行动,极有可

能失误,而不是做出正确判断。如果说反其道而行,我们是不是有机会做出合理抉择?”

我很想给你肯定答案。许多研究数据显示,80%的投机者(我可不是说投资者)在股市赔钱,失败的原因主要是缺乏纪律、教育,特别是大部分的人像赌博一样投资股市。

另一方面,假如我们总是出于恐惧而卖股,出于贪婪而买股,则80%的投资人会犯下错误,要在股市致富,只需要:

在大家买入时卖出,在大家卖出时买入……

这叫逆向操作。要是你能够做到,你致富的速度会比其他人快上10倍。不过有几个问题要克服:

- 这是冒险的锻炼,因为很难预知市场的低点。让我们再看一次图六的CAC40指数演进。它一开始下跌的时候,你会预见它一下就跌掉65%的价值吗?
- 就心理而言,相当难以忍受。在大家卖的时候买入股票,需要铁石心肠以及绝对自信的锻炼。

“你在告诉我们最好是进行不动产投资,而不是购买股票吗?”不,完全不对。不动产投资也受群众心理现象影响。

我只是要你留心可能的危险。股票是绝佳的致富工具,可是需要纪律、方法和耐性。你有可能完全不在行!在这种情形下,最简单的方式是让别人为你操刀,使用杠杆操作的一项:别人的经验。

股票和别人的经验

股票投资的主要问题之一,在于大部分的投资人不能够或是缺乏耐心坚持自己的选择。他们时常想要变动持有的股票,因为他们难以承受股市无止境的波动。为了你的资本健康着想,迅速晓得自己是否奉行行动计划是相当重要的事。如果你办不到,我建议你使用杠杆操作原则,让专家来替自己服务。如果你对这个方式感兴趣,你可以选择过去几年表现良好的一只或几只基金,接着在每月先支付给自己的时候,定期定额购买这些基金。

即使过去绩效不保证未来的表现,一般而言,要找到创造10%以上获利的基金并不困难。作为交换,你得依照投资金额支付申购手续费以及每年费率为2%的管理费,不过完全不痛不痒,因为通常这些费用已经从绩效表现中扣除。

当你研究不同股票型基金(称为共同基金)绩效的时候,

你会发现，它们中的绝大部分在股市暴跌的2000年到2002年期间的绩效为负。别因此感到气馁。即使基金经理人是专家,股市低迷时,绩效表现仍不免为负。好消息是如此的股市崩跌每15到20年才会发生一次。因此,即使我不知道未来,此时很可能仍是有利的,我们眼前还有几年好时光。

你也可以利用股市下跌期来找到表现突出的基金。比如说,在2001年和2002年,CAC指数呈-22%和-34%,假如你找到一支表现比指数更好的基金,即使绩效为负,它也值得你注意。

最后一个建议。除非你拥有大笔资金(几百万欧元),否则我不建议你找经理人来管理财产。因为大部分经理人的收入来自你买卖股票的佣金,你得拥有庞大的财力,才能让他真正有动力为你服务。相反的，当你申购基金或是特殊的SICAV产品,你是基金认购人之一,你可享有数百人集结的资金产生的力量。这又是一种杠杆操作。

最后我用一段话来结束这一章。股票是吸引人的游戏,不过,要是你任意妄为,它就可能成为毁灭性的游戏。身为投资者,你得意识到这点,而且特别要知道,你投资是为了证明自己能够发现有上涨潜力的股票,或是为了赚钱。那些力图要正确判断的人都是投机玩家。真正的投资者力图赚钱,而不是满足自我。就长期投资来说,平均成本法相当有效。如果你认为自己没办法保持客观距离,别犹豫,定期定额购买股票型基金。别忘了,只有当成果以及资金得到了妥善的保存才是重点。

7

自己的企业

风险
!!!
风险
!!!

海克力士(Hercules)的 12 个任务。

如果你对创业感兴趣,本章给你提供几个不可或缺的原则,让你可以把握更多机会。那些因为法令规定、经营管理问题而裹足不前的人,我也会跟他们说明不用创业就自立的方法。

成功企业的秘密

拥有自己的企业通常等于独立自主,这是许多人怀抱的梦想,不过也得承认,创业肯定是最难致富的领域,有数据可

以证明。法国国家统计及经济研究所(INSEE)调查显示,40%的企业撑不过前3年,主要的因素包括在创业领域缺乏经验以及资金不足。

另一方面,调查也证明创业者工作时间更长,比受薪阶级神经更紧绷、更疲劳。我不是说你必然会面临这种状况,而是根据统计数据,这个领域的成功可能性很小。相对来说,靠不动产致富会比较容易,风险也较小。

就我个人来说,我靠自己的公司致富,可是我得承认,创业是难以运用的致富工具。我鼓励你投入股市和不动产,可是创业大不相同, 除非你已经拥有扎实的专业知识和创业、管理的天赋,否则我不建议你走这条路。

“这可不是让人开心的论点。”

对,我晓得。创业虽是艰辛之路,也不表示你不会成功。考虑过上述因素后,如果你还是相信自己的想法、能力,如果你愿意工作35小时(两天内!),那么,放手去做吧。创业无疑仍是绝佳的致富工具,给你的回报不只是财务上的满足而已。

如果你有能力正确地经营事业,身为老板通常比当雇员能赚更多钱。你不只是拿到薪水,还有股息。如果你有机会把公司卖给竞争对手或是其他投资者,可观的增值利润将是巨大的致富加速器。

“自主创业是否有重要的先决条件?”

如果你一心想投身创业冒险，你绝对得拥有一些特质和理想条件，才能把握更多机会。原则如下：

在你希望经营的领域有经验。如果你打算设立网站，却完全不知如何使用计算机，你很有可能碰上问题。在你打算经营的领域，你必须拥有相关的坚固知识。

提供市场需要的产品。如果你到北极卖西班牙草鞋，你很难扩展销售。你的产品必须顺应经济环境才能成功。如果其他公司贩卖相同服务或是产品，别认为你的计划会受影响，完全相反，这只是证实有这个市场存在。到处都有面包店不表示你不该卖面包！相反的，有许多公司提供相同产品的时候，它们不单要面对其他品牌的竞争，也包括自己产品的竞争。如此一来，不可避免会降低毛利。汽车业务员的状况正是如此。所有的经销商都卖一样的汽车，在这种情况下，通常是提供最多折扣的业务员最有机会达成交易。

拥有对抗竞争者的保护。如果你卖的是合乎特定需求的产品，你的竞争对手显然会少一些，你在获利和打造销售网方面遇上的问题会较少。举例来说，我的一个朋友拥有几个外国品牌代理权，他的金科玉律是不贩卖非独家专卖的产品，即使他的竞争者贩卖其他品牌的相同产品，他也不需面对与自家品牌对打的状况。

拥有足够资金。不管你的企业规模如何，你需要一定的

资金来开展商业或工业活动，而不只是用来租办公室、付头几个月的薪水、买库存、打广告等等。假如你没有足够的资金来正确开展事业，公司的发展将受限，势必得缩小规模或关门大吉。

能够不断自我检视。创业者的重要特质之一在于能够置身事外。我们生活在一切都快速变幻的世界，经济选择时常被质疑检视。这个现象导致企业的稳定性深受市场状况影响。更别提你得依照潮流和需要，确认观念的有效性和产品的生命周期。如果你不懂承认或接受自己曾走上错误方向，那么你走向失败的可能性就大增。

懂得停损。就算你已经成功经营一家公司数年，也不代表公司不会关门。让我告诉你一个真实的案例。亚历山佐经营一家计算机专卖店数年，此时市场萎缩，毛利下滑，他的店每个月亏损超过 10 万欧元。亚历山佐意识到这个情况，他晓得自己必然会破产。有一天，我问他：“你为什么不停业呢？现在公司还有足够的资本，你可以全身而退，而不是把时间和身体健康虚掷在注定会失败的公司。”他的回答令我惊讶：“我还能怎么办？这是我唯一懂得做的事！”我回答他：“你今年 35 岁，假设你会活到 80 岁，你要继续走这条路直到生命结束，就因为自己从未做过其他事！”即使我看到亚历山佐眼中闪着疑问的光芒，但他仍旧不做任何改变，最后他宣告破产。

拥有经理人特质。如果你想让企业快速成长,你需要雇用员工。由此,是你雇用的员工资质决定公司运作的好坏。我不隐瞒这肯定是最困难的事,也是我作为企业主犯下最多错误的地方。让我跟你分享人事管理的三个秘诀。

一、绝不要犹豫摆脱坏成员。在很多公司里,因为老板不敢辞退,平凡的员工得以继续留在工作岗位。我甚至亲眼见过一家欣欣向荣的公司走向衰败,就因为一名特别恶劣的员工靠着重要职位和要挟勒索,瘫痪了整个公司。更别提更有害的间接后果。比如说,变得难以激励好员工,因为他们看见自己的努力得不到比坏员工更好的评价。摆脱比较差的员工,你能改善公司气氛,创造活力。

"你真是严厉。你根本是要我们开除坏员工。他们也需要薪水来养家糊口。"

身为老板,我深切相信公司对雇用的员工负有社会和道德责任,但是它没有救济义务。要是你不接受这个明显事实,拒绝摆脱坏员工,你不只阻碍公司运作,还让资产陷于危险,以致间接地影响其他员工的薪水和工作。

二、另一个建议:别吝于给好员工好薪水。如果你投入创业这场大冒险,别犹豫奖励好员工,给较差的员工少一点,建立起奖惩制度。让薪水出现差异,否则你会让好员工失去动力，而较差的员工消极地得过且过。假如后者不满这种对待，大叫不公平，你可以反问，如果他们跟真正为公司效力的人拿一样的薪水，他们觉得是否合理！

企业由许多让机器前进的个人组成，所以让员工对成果——也就是他们工作的结果感兴趣，可以说再正常不过。报偿越多，他们工作得越卖力；他们越是尽心卖力工作，公司越能赚钱。

付给员工好薪水不代表付过多的钱。假如你希望实践这个奖励制度，薪水必须反映他们的努力，让薪资的一部分有可变动性，依每人的绩效或公司的整体收益决定金额。

“你不觉得我们离致富的考虑越来越远了吗？”

我不同意。公司的成功是你一手打造的团队努力工作的结果。因此，良好的人事管理对公司的良好运作极为重要。如果你是公司创办人，别忘了你已经投入资金。游戏的目的是让这笔投资生钱，而不是白白糟蹋。唯有你的公司成为资产，产生价值，并随着时间创造出财富，你才能致富。

加盟连锁企业

“你对加盟连锁企业有何看法。风险会比较低吗？”

加盟企业是以最小的风险展开商业活动的好办法。在美国,80%的商业活动属加盟企业,然而在法国只有40%。竞争越激烈,需要的能力也越多,我敢担保在未来数年,法国也会追随同样的趋势。

以加盟金和权利金为交换,好的加盟总部应该提供给企业良好运作的必要能力,除了合乎产业需求的管理工具,还包括分享其他加盟者的好经验和坏经验。

“你会如何选择加盟企业?”

一般而言,品牌越是悠久,它们的理念越是有效。加盟店的数量越多,越能证明这些店懂得在竞争性的经济环境中存活。麦当劳(McDonald's)肯定是全世界最知名的连锁店,一切条件让你大幅降低失败风险。因此你需要先确认的信息是连锁店数目、成立时间,而且你得确认营业额和预估的获利是否合乎现实。只有掌控这些要素,才能让你真正掌握这门生意的潜力。连锁总部提供绩效和技能,它们通常对加盟者的挑选十分严格,加盟金也相当高昂。

既然选择这样的活动,你处于控管的经济环境。连锁加盟总部以合理的投资金额来换取你的时间和精力,而且运用杠杆操作,因为它将相同的理念卖给几十家或是数百家加盟店。如果你按照它提供的行动指南执行,你不需要担心营业额。不过你需要操心企业责任和人事管理。

独立的代价

“假如我算得没错，只要我有足够的钱加盟，比如 10 万欧元，拿这笔钱用你提过的法则进行投资，年报酬率 10%，15 年后我会有 41.7 万欧元，我还用不着每天工作 10 小时。”

没错，金钱绝非创业者的首要动机。许多人因为喜欢独立和自由而创业。我在 23 岁创立第一家公司，就是因为我不想为老板工作，也因为我希望拥有自由支配的时间。我可以一天工作 15 小时，只要我是为自己，而不是因为老板希望而加班。

其他人选择生活质量，也愿意付出代价。我认识几个人喜欢自由，所以选择一天工作 4 个小时，而如果担任全职工作，他们的薪水可以整整多 3 倍。

“我完全同意你的看法，但是繁缛的行政手续常令我们心灰意冷。”

我承认创业的行政手续和企业管理通常要花费时间、精力，如需要用到不同的专家，比如会计、律师，花费更是可观。然而，有个办法可以让你开创自己的事业，同时摆脱行政限制，这就是法国特有的“受薪自雇”(Portage salarial)制度。

受薪自雇

安排受薪自雇的公司犹如人力派遣公司一样运作，差别在于由你负责找到和管理客户。你还是主导一切，跟你的客户讨论你要支付的薪资金额、期限和内容。待这些要素确认，具有保护伞效果的受薪自雇公司与两方签立契约，负责跟你的客户收费。等收取过手续费和支付过薪资相关的费用，收来的金额会以薪水形式转给你。好处显而易见：

一、你不需要成立公司来开展事业，因此不需要或仅需少量资金或费用来创立法律上的实体。

二、不需要维持会计部门，因为你只是受薪者。不需雇用会计，月底不用结算消费税，用不着将时间徒然浪费在行政作业，没有烦人的文件要填。你可以把百分之百的时间花在扩展事业上，收入的金额已经是净额，除了年底还要以收入金额去报税。

三、你可以按你希望的时间工作，以你的步调。假如你每月领薪水，你可以要求受薪自雇公司把薪水分成两个月支付，或是依照你的需求、税金来给付。举例来说，年底12月的薪水，你不是一次领取，而是在来年的头几个月分期领取，如此一来，当年收入要付的税金可以尽可能减少。

四、现在是最有趣的部分：既然你是受薪阶级，在失业期间，你可以享有失业津贴。而企业主必须投保特殊保险才能享有。失业津贴金额以你前期领取的薪资和工作年数来计算，你可以调整受薪自雇公司支付的薪水，借故工作和失业相互交替，你可以领取最理想的收入。

"很棒的方法。在这种情况下，要创业就简单多了。"

受薪自雇制度是让你开展事业的完美办法。它让你可以测试某个念头或理念，花费最少的钱，没有压力，接着再大规模开展事业。但它也有一定的限制。首先，它只用在服务业或智力活动。这表示你无法开展工业，或是贩卖商品，也无法雇用人。即使后两个部分可以克服，这些限制使得受薪自雇制度特别适合想独自工作的人，这占了独立工作人口的大部分。

"告诉我们如何克服这些限制。"

雇用人手方面，你大可使用外包。假如你是网站设计者，你可以雇用美术设计来负责美学设计部分，而你负责功能性部分。对你的客户而言，你仍是创作者，可领取全额酬劳。

至于贩卖东西，限制很大，你无法大量贩卖。举例来说，我的一个朋友利用受薪自雇制度从事计算机网络设立事业。他的客户想扩充计算机设备时，必然来咨询他的意见。他无法卖计算机，所以将客户引导到一家他熟识的公司，由他介绍而卖出的器材,他可抽取佣金。

继续先支付给自己

在结束本章以前,容我提醒你,创业首先是赌上未来,开展事业所需的资金通常会吃掉你之前储蓄的金钱和财富,且不保证可以回本。这个全赢或全盘皆输的情况迫使你孤注一掷。也就是说,你的风险只集中在这项投资上。

相反的,等你的公司开始获利,你得回到一贯的先支付给自己的策略。不只是将薪水支付给自己,还包括公司的盈利。就算只有 5%,养成拿公司盈利先支付给自己的良好习惯。你的银行会试着劝阻你,特别是如果他们曾贷款给你,他们会说你得尽可能拥有现金以确保公司运作。这有一部分是真的,但是你确保的其实是银行的权利。因为你的财产越多,你越不可能要求透支账户,他们要为你担保的风险越小。

留心别让公司变得虚弱。有些企业需要周转金来确保顺利运作。别因为会计告诉你今年公司获利 10 万欧元,就认为它们必然在账户里供你所用。它们也许被花在库存,或是其他让公司维持良好运作的必要品上。

我给你两个先支付给自己的好理由来结束这章:

• 假如你尽可能先支付给自己，就像你当初尽力管理个人开销时一样，你非问自己一个问题不可：“该怎么支付给自己5%或10%，同时又不影响公司收支平衡？”你再一次开始动脑子思考，尝试解决问题或是找到其他方案。

• 另外，如果你打算有朝一日创业，好好记住这个理由，它绝对值这本书的数千倍价钱：

先支付给自己，如果你破产的话，你的顾客或银行都不会帮你。

这句话适用于所有状况，不只有创业。

把钱放入口袋，先支付给自己，因为这是提防生命未知变量的最好方式。

8

好运和机会

多数人穿着工作服自我介绍，以致错失好运。

——亨利·福特（Henry Ford）

我想再回到第一章曾提及的主题，关于致富的不同方式以及机遇与财富间的关系。

“所有赢家都曾经碰运气”

为了展开讨论，我请你回答另一个问题：“运气对致富真的有影响吗？”

“有些人确实受运气眷顾。我的朋友皮耶就是自然而然走运的人。”

是什么让你这么说？或什么事让你可以断言他运气好？

“很简单。他总是在适当的时机出现在适当的地点。”

我会再谈到你的肯定说法，不过我想先确认我们谈的是同一件事，让我们先来对好运的定义达成共识。你有什么看法吗？

“运气是偶然降临的天赐礼物。”

如果我们接受这个天使化定义，该怎么看待惨遭雷击的人？

“要更准确地定义，得考虑正面和负面部分。应该说好运或坏运莫名降临的事，我们并未特意求取。”

姑且认定如此。那么中乐透彩票的人该怎么说？即使他没预料会中大奖，他还是尽己所能想中奖，因为他选了号码，付了钱，妥善保管彩票！

再回到你的观察，你说朋友皮耶总是在适当的时机出现在适当的地点。希望你能更深入地解释为什么皮耶是走运的人。

“我可以举很多例子。有一次，皮耶带我参加拍卖会。那天拍卖一间房子和里头所有的家具。我们等到所有东西都拍卖完毕，总算轮到房子本身。那时候只剩下另一位竞标者，对方看起来不是很积极。皮耶最后以便宜的价格买下房子，4个月后转手卖出，价格提高 50%。通过贷款，他只付了头 3 个月房贷，他的投资报酬率可观。最惊人的是，他时常有这类经验。他确实是我认识最走运的人了。”

可是拍卖那一天，你也跟他一样走运！

“为什么呢？我可没从这段经历中赚取半毛钱！”

没错，可是除了不想为难朋友以外，是什么原因让你不自己竞标呢？

“只是因为我没预期会参加拍卖！我晓得你的意思。你要说我有过相同机会，所以我当时和他一样好运。事实上，所有参与那场拍卖的人都有同样机会，因为所有的人都在适当的时机出现在适当的地点。而只有皮耶准备好一笔钱，对房子价值有概念，因此能够把握住到手的机会。”

很好的分析。这正是许多人认为走运的情况，然而这一切跟好运或偶然无关。你的朋友只是通过行动来创造出好运。他先找银行洽谈，确认银行原则上同意提供资金，他再花时间研究房子所在地段的市场行情。如此一来，他做好万全准备，可以把握拍卖那天出现的机会。

“你说得没错。我现在发现，显然有些人尽其所能创造和

引发好运。这让人觉得他们总是在适当时机出现在适当地点，事实上，他们用尽所有努力去利用那个情况，所以这并不是好运，他们只是做了努力。只有不晓得个中内情的人称它为好运。”

别抱持幻想，在金钱这方面，事情绝少是偶然发生的。别忘了，所有懂得获取金钱之道的人，都垂涎金钱和它带来的财富。他们不会忽略为了达到目标该做的努力。如果你没有准备好，或者你不够积极努力，你将看着生命里的机会白白溜走，却又认为别人比你走运。

“所以说，我们认为大部分的事都来自偶然，实际却不是那样。那么运气是什么？如果我们啥也没做，啥也没预先策划，我们可以说它是命运出乎意料的礼物吗？”

“以‘好运’而言，似乎是可以接受的定义，可是用来定义厄运就不恰当。这样一来，‘礼物’这个用词似乎不合适。”

“应该说运气是无法预料的事，无需先决的条件和行动就得到。照这样的定义，无法预料可以是正面(好运)，也可以是负面(厄运)，我们没做任何事来吸引它的到来，或是预备好接受。”

你可以发现很难确切定义运气。根据状况和时机，运气的标准也随之而异。不过这下你也就明白了，仰仗生来福星高照的命运来致富,可以说是完全虚幻和冒险的。相反的,尽可能做出必要努力,把机会带到你这边,你会发现自己更常碰上开心惊喜,而不是糟糕意外。越是马马虎虎地做事,你越容易碰上失败。

留心幻象

来谈谈这一章的另一个部分:机会。说来奇怪,在你开始致富的初期或是每次准备好投资金钱时,投资的机会比你当初预期的来得更多也更快。事实上,并非因为你有钱可以投资,所以机会增多,而只是因为你真正开始寻找机会。再拿拍卖会的例子来看,你没有购房的打算,因此看不见机会,你只是那场拍卖会的观众。

另一件你会觉得奇怪的事,大部分出现的机会通常收益极少,或者毫无获利性。你也许觉得我的说法令人吃惊,可是它确实是真实状况的反映。以 2005 年到 2006 年的房市来说,假设你被诱人的房屋广告吸引,而建筑商吹嘘售价合理。假如你估算租金与房价相比的获利性,你很快会发现是建筑商得利。在前面几章,我们提过你投资时必须考虑的不同问题。如果你奉行这些建议,那么你必能轻易排除表面看来的

好交易,更妥善地使用你的金钱。

不过我们尚未提及一个要素，我们后面会有机会再提起:你本身。你可能是自己的恩人,也可能是自己最糟的敌人,一手安排自己的失败。为了保护你自己,在你投入任何交易以前,先问自己下列问题:

- 它真的是机会吗?
- 它健全又合理吗?

回答第一个问题的时候,你会迅速排除掉许多乍看划算的交易。此外,你可自问这个机会属于你熟知还是未知的范围。如果你无法坦白回答这个问题,你可能仍有不足,或者你仍欠缺信息来充分利用这个意外机会，甚至将自己置于险地。

要辨认和掌握最佳机会,拥有起码的知识相当重要。如果你对目标物没有起码的熟悉度,一旦好交易出现,恐怕你也无法辨认出来并善加利用。最好的状况下,你无法把握住机会;最糟的状况下,你有可能付出过于高昂的代价而赔钱。

你得客观判断和分析你准备实现的投资,才能回答第二个问题。如果这项投资可能让你陷入困难处境或是失败,那么放弃吧,到别处去撒网,即使机会是真实存在的,你有可能钓起一条对你而言太大的鱼。

让我举一个例子。你以全额贷款买了面海的美丽公寓，打算住上几年。在自己居住以前，你将公寓出租。假如租金是1000欧元，而你的房贷月付额是2000欧元，你每个月得自掏腰包支付1000欧元差额。如果你无法安然处理收支的不平衡，你就会创造出困境，导致自己背负庞大压力。一旦发生财务问题，经济和心理压力将逼你尽快出让资产。潜在的可观增值变成数年亏损，只因为你申请了全额贷款。

第一印象

这是另一个保护措施。我所有的投资里，多数给我良好的第一直觉。我认为对大部分的人来说也一样。原因非常简单：如果交易适当又良好，马上就看得出来。因为这是它的首要特性。

相反的，如果我们考虑太多问题，通常是因为心存疑虑。考虑时间越久，越证明我们有所迟疑。我的金科玉律如下：

有一点疑虑就脱身……

投资不等于冒险，而是评估和管理风险。如果你心存疑

虑还坚持不放，你只是创造出心理上难以因应的情况。而且这还存在有害的一面，你每次要做决定的时候，因为疑虑犹豫得更久，最后阻止你行动。

“可是我们的疑虑其来有自。”

没错。一开始肯定是如此。通常因为你或许还未准备好，或者你还没有足够的知识。在这两种情况下，慢慢来，不要急于一时，尤其绝不要出于气恼而投资。

“你说出于气恼是什么意思？”

如果你因为反应不够迅速而错失机会，或者你找不到真正合乎挑选标准的目标物（只要你的条件合理且合乎现实），你倾向贸然投入下一个出现的机会，或者你更容易对售价或质量让步。

我购入第一间自用住宅时就是如此。我看中一间房子。因为它是我看的第一间，我坚持要看过其他选择再做决定。没找到更好的房子，我回去见第一间的房主。很不幸，他已经答应另一位买主。我突然转向（应该说急忙转向）第二个选择，却没有完全肯定自己的决定，而且（几乎）没有议价，因为害怕同样的遭遇会重演。

第一个结论：别急于一时，在你头脑清楚时心平气和地进行投资。不要在压力下，或是出于一时情绪反应而行动，否则你会自行创造出根本不存在的机会。

第二个结论:一下就碰上好交易别觉得惊讶或害怕。如果这笔投资符合你的标准,就安心下手吧。花上太多时间是因为我们在做决定前需要感到放心。你越等待,考虑的问题就越多,问题越多,下手的好理由就会逐渐减少。我今天晓得投资，也意味着在好机会降临时就一眼认出来并加以把握，其余的只是浪费时间和精力。

预防厄运的最佳方式

谈到预防措施的最后一点，如果你和别人签订合同,你得考虑两个方面:

- 这些人值得信赖吗?
- 你对整个情况有控制权吗?

我要说一个朋友的不幸遭遇(简化版)来证明考虑这两个问题的好处。

佛朗萨的朋友派屈克向他兜售一块不可分割的农地(这些细节很重要)，售价为 5 万欧元。派屈克表示根据可靠消

息，这块地在未来一年将变为建地，价格将三级跳。于是两个人合资（每人 25,000 欧元）买下土地，等待时机着手进行土地使用手续的变更。只要新地主做整治规划，市政府同意将土地变为建地。

第一个坏消息：变更费用高达 5 万欧元，等于土地售价！

虽然难以接受，但增值潜力仍旧相当看好。问题是派屈克没能力负担这笔额外花费。相反的，佛朗萨有钱支付全额。两名伙伴通过友情协议，派屈克在土地卖出后，再付给佛朗萨这笔变更花费。几个月后，变更用途后的土地以 14 万欧元卖出。两个人正要收取获利……

第二个坏消息：中介正要付款时告知这两个人，派屈克因为欠税被冻结 8 万欧元作为抵押。因为两个合伙人只有口头协议，没考虑让情况变得更糟的应付税款，佛朗萨只拿到 7 万欧元，而不是预期的 105,000 欧元，也就是说赔了 35,000 欧元。派屈克则没拿到一毛钱。虽然他有义务还债，他还欠国税局 5000 欧元，欠佛朗萨 35,000 欧元……而佛朗萨从没拿回钱。

你在跟人合伙以前，得先确认对方有能力且信用可靠。在这个故事里，佛朗萨很快就信任派屈克对土地的评估。为了完成程序，拿回他一开始的投资，他被迫要继续信任伙伴。

最后同伴根本无力还款,他也无能为力。

“照你的意思,是说绝对不要信任任何人。”

信任是所有人类关系也是所有组织不可或缺的要素。那些不信任别人的人通常也不让人信任。更别提如果你不相信别人,你也不会进步。我通过跟别人合作完成了许多绝佳交易。通过他们,我能够结合自己没有的能力,以把握某些机会并获取可观收益。不过信任以前至少得先确认。

我要说的信息是,在合伙关系里,你把金钱投资在可能的资产上的同时也投资在人身上,特别是人身上。如果你不熟悉这些人,你等于冒着超乎预期的风险,增加额外的未知性。

你得对情况有起码的控制才能控制未知风险。当然,不可能百分之百掌控情况。可是当协议因为某种要素或是情况改变出现不平衡,别犹豫,重新检视协议来重建平衡。在佛朗萨和派屈克的案例里,当只有佛朗萨可以支付未预期的花费时,不平衡产生。不拿出钱,程序无法完成,等于向获利和投资说拜拜,结果派屈克的问题也变成佛朗萨的问题。接着,由于过于信任或懒惰,没有正式签订协议来讨论获利的分配,以致在收取卖地金额时,佛朗萨的获利变为亏损。

在合伙关系里,开始的规则取决于当下情况。情况一旦

改变，把改变导致的新规定用白纸黑字写下来。如此一来，你可以通过事先澄清可能发生的误解，而避开后续争议。

我想强调人的要素来结束这一章。人的因素影响你的每个决定。别低估它，做好完全准备来保护财产。这是我们下一章要谈的主题。

9

高枕无忧

工资
存款

创业难，守业更难。

你既然已经懂得创造财富，该是谈一谈致富过程的第三部分——“保护资产”的时候了。这是重要且不可或缺的部分，让你不致因为不懂保护财富，使得数年的心血化为乌有。

我们首先谈谈技术层面，看看依照投资工具的不同该安排何种保护。接着，我们再次回到重点，也是前一章谈及的最重要的问题：你的个性。

保护你的投资

法国银行制度担保 6 万欧元以内的账户优先清偿。所以,如果你选择把钱投入人寿保险产品或是其他无风险的金融产品,你的资金一旦达到这个门槛就得换银行。注意,此一互助机制不补偿个人投资的损失,它只担保银行可能破产的风险。

如此一来,如果你的银行破产,你的钱能获得保护,你能拿回资金。我要很坦白地说,银行破产是相当罕有的事,不过不要以为绝对不可能发生。英国历史悠久的巴林银行(Barrings)就因为一名香港交易员的期货投机交易而倒闭。或者更贴近的例子,里昂信贷(Credit Lyonnais)的倒闭危机,因为法国政府是主要股东才得以化解。

如果你是保守型,从不冒风险,记得适时到别家银行开户。不仅可以比较不同银行的利率,还能运用竞争给自己带来最大好处。

保护你的不动产

你的不动产保护方式跟房屋的用途有关。如果你用来出租，目标是以租养贷。在法国，与租赁相关的法律偏袒房客这一方。因此一旦有问题发生，你需要好几个月时间才能摆脱恶房客，这必然使得原先妥善规划的现金流出现不平衡。因此你得确保房客按时支付房租。

也别因此变得偏执。绝大多数的人有心遵守约定，没有任何坏企图。而且根据数据统计，只有6%的房客忘记缴纳租金，而且主要发生在敏感和治安较差的区域。

但这并不代表可以对房客的选择掉以轻心。照例得确认对方有足够收入，并要求提供保证人以确保房客有问题时能确实收到房租。如果你不想负责管理并涉入他人生活，你可以寻求物产管理公司协助，由对方负责筛选房客，确认房客收入，在必要时追讨积欠的房租。

当然，这样的保障须付费（月租的百分之几），将会影响你的获利。不过如果你安排这些担保措施，你可从中得到好处。比如说，你的银行将更容易核准贷款，且超越33%的门槛，房租保险更是额外担保，确保你有能力偿还贷款。房租收入的应课税金额也可扣除这些费用，让你省下税金。

还有另一个方式也可以应对恶房客不缴租金的状况，而且不花一毛钱。根据对方的收入（上班族、学生等等）或是家庭状况（孩子数），一些房客能从不同政府机构拿到房屋补助。如果你以房主身份申报，这些机构会直接把补助金汇给

你。有些房客不晓得有这种补助,或是从来不曾确认自己是否有权利申请,你仍旧可以代他们申请,如此一来确保自己的全部或一部分房租收入无虞。

购买自用住宅的话,能安排的保护措施极少。如同投资租用房子一样,你也得确保自己缴得出房贷。必要且明显的两点:第一是绝对不要胡乱贷款,以避免还不起。比如现在的房市热络,房价相对高涨,买主势必肩负沉重财务负担,任何财务问题都是压垮骆驼的稻草。

所以要进行第二层保护:保护你的工作。我后面会详谈这个主题的哲学层次以及保护你的工作的最好方式。目前先看看银行可以怎么帮助你。

银行在核贷时,为了让借贷者安心,会提议他们投保失业保险,以便在失业时由保险接替还款。这个保险也需付费,然而这是提防财务意外状况的绝佳方式,更不用说如果你手上的财产微薄,或者根本没有财产。相反的,如果你只借了五成房贷,失业保险就没有好处。因为一旦发生问题,只要跟银行协商,你就可以延长还款年限,减低月付款额度。你可以借此渡过难关,等危机一过,再调到原先的月付金额。

最后一个细节:为出租而买房时,用不着使用这类保险。如果你从房客那里取得所有担保, 即使你借了全额房贷,这类保险有一天发挥效用的机会微乎其微,特别是如果租金与房贷相抵。

保护你的股票

保护你的股票投资包含两个层次。第一是资本本身。你完全可以使用传统投资的保护方式(达到6万欧元门槛就换公司)。接着是股票增值价值的保护,依照你持有的股票变动来计算。就这方面,几乎不可能确保对抗风险。

相反的,有两个方式来管理风险。第一是渐进式投入资金,以分散风险。先前提过的平均成本法充分发挥作用,因为资本和风险平均分摊在投资期间(几年时间),而不是集中在一次支付。举股市一年下跌20%的不利状况来说,如果你是一次投注资金,你的账面亏损(只要不卖股票就不会成真)是20%,如果你运用平均成本法分摊风险,潜在亏损只有10%。

“好吧,可是如果股价上涨,一次投注资金的获利比较多。”

对,可是你是事后才知道!

管理手中股票最好的方式是运用上述原则控管风险。集中购买一只股票,它的涨跌必然左右你的风险。如果你押对宝,你的获利会相当可观。如果这支股票暴跌50%,这非罕见状况,你便赔掉一半资本。

当然，为了避免这类不幸的遭遇，绝对有必要将资金分散在数只股票。你持有越多只股票，你的资金变化越平稳，越难有强烈波动，但获利也相对减少。比如：假设你持有三只股票，第一只上涨 100%，第二只上涨 20%，第三只下跌 50%。即使最后一只股票跌了一半，你握有的股票绩效仍旧达到 23.33%。当然，只有你以相同金额投资每只股票，这个法则才有效。如果你对某只股票投入 3 倍的钱，你便抵消了分摊的效果，增加了风险程度。

“该持有多少只股票？”

依投入的资金而定。你的资本越少，持有的股票应该越少。另一方面，别多过十只（我说的不是股票数量，而是股票发行公司）。因为你持有的只数越多，你越有机会产生疑虑。牵涉到金钱的时候，疑虑不是好事。你的疑问只会加深恐惧，导致丧失自信。结果，你问自己越多问题，你就得到越多坏答案。

保护你的企业

哪怕严格参照前述的种种原则，哪怕有无数的好运站在自己这边，我们一样无法绝对地保护一家企业，因为创业致富远比其他工具来得不确定。不过你有两件事可以确定：客户的支付能力和你自己，如果你将是公司的负责人。

你首先得运用合适的法律结构来预防失败，也就是传统的有限责任公司（SARL）或是股份有限公司（SA）。它们将风险只限制在投入的资本。这是你的私有财产和公司负债间真正的栅栏。对个人独资公司即非如此，企业主的个人资产与负债和公司的混合在一起。为了保护你的后盾，你也可以投保企业主专属的失业保险，保险金可由公司支付，你无须自掏腰包。

接着，你得确认客户的支付能力，了解客户的情况。最好的保护方式是收取现金或信用卡，支票不是付款保证。客户如果是公司的话，游戏规则就截然不同。企业通常要求供货商给它 30 天或 60 天付款期限。如果你接受这个游戏规则，你不再是供货商，而是银行，因为你同意信用贷款。

你自认为了解客户，不代表对方会付款。我有过辛酸经验，因为我以前的公司正是因为这个原因而倒闭的。我还在卖计算机器材的时候，跟一位大客户关系良好。因为他的付款从来不曾有问题，我很容易给了他付款宽限期。他的店面紧邻一栋大楼，而大楼竟然坍塌压坏他的店面。保险公司当然会赔偿意外造成的一切损失，可是要厘清责任和赔偿金额的调查持续了数年。我的客户由于缺少资金也无法继续扩展事业,被迫关店,把我也一起拖下水。

我的失败由两件事造成:

- 公司一半的风险全集中在一名客户上;
- 我给了太长的付款期限,因此玩火自焚。

从那次痛苦的经验以后,如果对方没有起码的付款保证,我不再同意给予宽限。今天,我宁可不卖货也不愿冒风险。

“我同意,可是我本人也是公司老板。如果我不让客户延后付款,我会失去所有客户。”

我不是说不可以让客户延后付款。我只是说你该晓得自己希望扮演的角色:供货商或是银行。我也承认,这是表面反应,可以再细腻一点。

运用别人的金钱法则,也有办法避开风险。你可以向专业保险公司投保,一旦客户因天灾人祸无法付款,由保险公司承担呆账或是立刻买下客户债权,由他们负责在30天或60天后追回欠账。这叫应收账款处理公司。

该服务跟所有保险一样都须付费,却不一定吃掉你的利润。真正的费用为应收账款处理公司收取的金额跟你公司应收账款之间的差额,包含未付的账款。

既然呆坏账问题获得担保,你可以立即收到款项,你可以跟供货商协商以现金付款时再享折扣,借此打平部分保险费。你不只拿回利润,你的供货商也会给你较多优惠,只因为他们也有相同的管理烦恼,他们通常希望收到现金。要是你的供货商给的折扣不够多,你的银行会乐意拿你多余的流动资金来投资。

“但是我们可以自己承担客户的风险吧?”

确实可以考虑,不过取决于你的利润水平。如果你贩卖的是计算机,毛利10%,你得再卖出一台才能抵消一台的呆账。如果你的毛利是80%,即使收到的支票跳票相当令人不快,只要用下一台计算机利润的四分之一就能弥补损失。

你和你的工作

我想再次重提一个重点,涉及大部分的人,也是创造财富的第一个来源:我们的工作,特别是工作能力。

不管你是雇员或自由职业者,对于所有没有财产的人而言,工作是第一份能够让人致富的资产,能够使自身和家庭的财务状况更为宽裕。致富的目的之一或许是减少工作时间

跟提前退休。但是为了达成目标，懂得聪明工作、提升效率以增加收入都极为重要，同时由工作获得最大收获。

现今在任何职业领域里，竞争都愈加激烈。求职人数越来越多，导致较不幸的人工作不稳定。就业竞争不可避免会压低薪水。因此证明自己在公司占有一席之地，保住工作是极其重要的。因此我会说保护工作等于保护财富，同时继续变得有钱。

"如何保护工作？"

我所知保护此首要资产最好的方式，是给予工作价值，同时相信自己是这份价值的保证人。你越让工作增值，越能得到好处，你的服务和能力越让使用者满意，他们越是准备好要付钱来保有或获取。

"如何给予工作价值？"

乍看之下，我的答案有可议之处，不过我认为你很快会同意我的看法：要让工作增值，最有效的方式是多做一点！大部分的人厌恶工作，因为他们从中找不到乐趣。他们不明白自己能从工作获得的不只是一份薪水，他们总是激烈地攻击老板，把自己的所有缺点都算在老板头上。

他们非但没有找寻和善用工作好的一面，许多人还聚焦在较不愉快的部分。他们越是这样，工作的意愿越低落，做得也越少，于是带来不可避免的结果：

- 他们是最后才被加薪的人，因此更强化他们的负面心态。
- 假如公司经营困难，他们是首先遭到裁员的对象，让他们的财务稳定性和致富能力陷入险境。

因此你的态度举足轻重且具有决定性。你要知道，如果你没比别人卖力，你绝不会成为公司不可或缺的一分子。你付出越少，你得到的就越少。这是永恒不变的法则，而且适用于许多领域。

请记得你首先是为自己工作，然后才是为老板工作。你的薪水代表工作的报偿，公司依你的进步决定金额。你的目标是竭尽所能让月底领取的报偿提高。

现在来谈谈如何用工作产生价值，并通过工作的增值创造财富。

让自己成为必需。这个观念极为重要。证明你的存在对公司的良好运作不可或缺，或者至少非常有利，你能稳住自己的位子。

把工作做到尽善尽美。你无疑比其他人更有优势。更何况跟马马虎虎打发时间、把工作视为苦差事比起来，竭力做

好工作时会得到更多乐趣。

竭尽所能。你会得到比想象中更多的收获。首先,你的雇主必然会认清你作为合作者的特质和你对公司的价值。在加薪和升迁的时刻,你将处于较有利的位置……更巩固你在公司的位置。间接地,你同时赢得客户和供货商的尊重和感谢。

给你的客户更多。他们会一再向你的公司寻求协助,特别是找你。这是表现你的价值和创造企业价值最好的方式。逻辑显而易见:大家总是希望找尽力满足客户的人,而不是暴躁的服务人员。餐厅里收到最多小费的是哪种服务生?是关注你舒适与否的人,还是在你需要时却视而不见的人?

帮客户的忙,尊敬供货商。这是扩展前途的最好方式。如果你的老板一直看不到你的特质,你尽管相信同行竞争者、你的客户或你的供货商很快就会看出你能给他们帮助,竞相出高薪聘请你去工作。

培养专业能力。擅长的事才能做得最好,而专家的薪水总是比单纯的执行者来得高。专注公司的专一领域,成为专家。你不只会成为咨询的对象,代表一种价值,也变得更有生产力和有效率。你将是公司运作不可或缺的一员,你的薪水会调涨,成为重要的链环,你不用再为未来担心。

比基本要求多做一点,你会越来越有钱,成为受众人尊重和奉承的对象。你拥有好名声,比其他只做好分内工作的人拥有更多优势。结果:大家来寻求你的服务,优先找你。如果你是抽取佣金,你会比其他人赚得多,你不会有时间觉得无聊。

尽心尽力做得比别人好,你会发现大多数人想付你更多钱。你越是发展这个层面,你越是强化创造财富的潜力。这跟复利法则一样。身为自由职业者,你可以选择客户,为你喜欢的客户或是付费较高的客户工作。最后你工作的时间少了,收入增加,得到了更多的自由。

担保:定时炸弹

另一个可能危害财务安全的部分:担保。法则很简单:

不管是为了自己还是别人,特别是别人,如果你无法安然承担债务,绝不要替人作保。

我想用我的旧日邻居G家庭的真实和悲惨的故事来证明这段话。10年前,贾克·G先生拥有一家小建设公司。当时房市惨淡,贾克为了让已经惨赔数年的公司重新站起来,借了15万欧元。他用房子做抵押向银行借贷。过了一年,公司破产，贾克在40岁时因心肌梗塞（过多压力和烦恼）过世，迫使遗孀和两个孩子卖掉房子偿债，最后他们流离失所。

不幸并非只会发生在其他人身上。一切平顺的时候，我们不会考虑行动可能产生的讨厌后果。麻烦发生时，通常已经太迟。我不想乌鸦嘴，但是我强烈建议你（我的意思是：命令你）……

永远不要用财产，特别是你的必需品来担保负债。

"可是刚才的例子里，借贷是必要的，因为是用来维护资产，也就是他的公司。"

公司赚钱时才算资产。它开始赔钱，你借贷让它运作下去，你只是把钱投入负债。这无异是财务自杀。

至于其他人，如果你替他们作保，他们可能发生的问题会成为你的问题。更何况，这是失去朋友的最佳方式。当一切平顺时，我们很快忘记借贷契约书上的签名；相反的，等银行打给你要你处理侄女的贷款，一切就没那么令人开心了。如果你需要被说服，看看TF1频道朱利安·库尔贝（Julien Courbet）的节目。主持人带着律师团处理一些人的财务问题，他们全是替亲友作保，对方却无力或不愿偿还贷款。

别轻视这些忠告和建议。它们的目的是让你免于碰上人生的意外状况。成功的时候，你肯定觉得这些话毫无用处和价值。但是等问题出现时，你肯定觉得轻松许多，压力更小。

回到本章的关键主题：保护你的财富。你已经明了，不管是投资不动产、股票或创业，你都是中心，是你做出任何对致富有利的决定。还有一个你必须回答的问题：是什么促使你致富？你想改善未来的生活，或是受危险念头的影响，比如说贪婪？

小心骗子

我要告诉你世上许多人遭遇的不幸，你肯定会嘲笑他们的天真。或许你看过这个节目，有对夫妻描述遭拙劣手法诈骗的经过。两位主角有天接到传真，对方表示自己是一笔500万美元财产的继承人，得将款项汇到国外。由于法律因素，只有外国人有权利将钱汇出。对方要求他们只需到指定银行开户，就能合法将钱汇出国。对方将给予20%的酬金来回报他们的协助。

这对夫妻说明那些骗子是如何一步步骗走20万欧元的。骗子借口得收买行政机关人员或是支付律师费，同时向两名被害人保证，这些钱可让事情进展得更顺利。最可笑的

是，他们从未见过对方，也从未跟他讲过话！这些“沟通”都通过传真。继承人宣称他的电话也许遭到窃听，太详细的电话沟通可能让事情曝光。可是夫妻汇款给骗子却是确实发生的。

访谈结束时，记者天真地问：“你们为什么这么做？”这对夫妻也同样天真地说：“为了帮忙！”你真的相信他们是为了帮忙吗？怎么可能……蠢到相信一个陌生人会因为你帮他转账，就给你100万美金！

是利益的诱惑，而非好心肠让这对夫妻犯错。在这个例子里，代价是20万欧元。别以为这是个案，这是几十年来发生在全球的诈骗手法。你也许也收到过类似的诈骗电子邮件，你如果觉得好玩可以响应看看，发生任何事我一概不负责。

这个例子给我们很多启示。首先，小心自己和自己的贪心。它可能害你做出错误的财务决定（冒过大风险、进行过高倍数的杠杆操作等等），将你引入意想不到的困境。我刻意举上述的夸张例子，你可能忍不住要笑，但是它证明夸张的致富方式可能是对账户相当有害的痛苦泉源。没有任何合法或平常的投资可以让你在5分钟内致富。假如有人向你保证不是这样，给你提供千载难逢的好机会，对方不是看见了幻象，就是不折不扣的骗子。这就由你去评断了。

10

有求才有应

我也要去
头等舱

我一定进不去
头等舱

> **耻于开口的人会饿死。**
>
> ——非洲谚语

既然你对我有些许了解，我要告诉你以前的经验，有10年时间，我在搭机时几乎无一例外都被升舱。

“你是说你买经济舱的票却坐头等舱的位子？”

我跟你保证，这事百分之百真实，而且你也办得到。只要你知道如何要求，跟谁要求。仅此而已！

几年以来，航空公司习惯给旅行社员工升舱服务，以感

谢他们推销机票。因此每次搭机，我都会到柜台要求地勤主任或座舱长帮我升舱，借口我是旅行社员工。

“你不是旅行社员工！”

那又怎样？这是足以阻止我的理由吗？有些人会说我运气好(请重读这个主题的章节)，另一些人认为我胆子很大。然而我做了必要的事好坐在头等舱喝香槟。认真地说，从这段经验得出的结论是：

不去要求就得不到……

一般来说，如果你对生命毫无所求，它也不会给你多少东西，甚至连现在是几点都不会告诉你！在你看来，什么人有更多机会获得升迁？毫不犹豫提出要求的大胆员工？还是高傲地躲在角落，等待大家认识他才华的人？或者，你认为汽车业务员会因为你相貌和善就给你最好的价钱吗？

“好吧，可是你没有权利升到头等舱，因为你不是旅行社员工！”

我跟真正的旅行社员工享有一样的权利，没有一条法律规定后者该被升舱。这只是习惯，而非法定义务。更何况我没损及任何人。所以为什么是他们，而不是我获得机位升舱？

胆量或勇气

我们所有人都有获得更多的能力。这是所有人都有的才能，不花一毛钱，且能提升你的购买力。你不需要比其他人更聪明或是机灵。你只需要在适当时机挺身，毫不犹豫地要求更好的价钱、折扣或是额外的优惠。

尽管这是相当简单的事，但是因为害怕落人笑柄或是因为害羞，极少的人敢于付诸行动来获得应得的东西，或是让东西更容易得到。我们当中有很多人常常只跟售货员议价，如果价钱不合意，就失望放弃，看到其他人买得起只觉得挫折不已。其实在很多状况下，对方说的价钱只是起点。

你在生活里只会得到谈判来的东西，而不是理所当然应得的东西。

鼓起勇气去要求，你会得到比其他人更多的东西。你会赢得一切，而几乎没有什么好损失的。你唯一冒的风险是听到“不行”两个字，却不致让交易有问题。你也许只需要以另一种说法再要求，跟另一个人要求，或是把条件降低。

“你为什么说以前的经验？你现在不用这个诡计了吗？”

老实说，我已经很久没这么做了。自从我买得起头等舱机票以后，我就不再有心情。这种做法没以前那样令我开心了。

缺乏勇气会让你付出多少代价？

相反的，如果你需要动机来迫使自己改变行为，我建议你计算一下缺乏勇气会让你付出多少代价。假设你准备要买入一幢15万欧元的三房公寓，跟银行协商把20年贷款利率从4.5%降为4%，你的贷款总额足足省下9600欧元（含利息和本金）。同时跟房主议价。假设对方给你5%的折扣，这样一来，你的贷款金额将是142,500欧元。跟原先的贷款和房价相比，你总共省下20,508欧元。

依你之见，这2万欧元是落入你的口袋，还是让对方赚去比较好？也许不议价的话，贷款金额会超过33%的门槛，让你无法买房和致富。更何况你买得越便宜，日后转手卖出时的价格空间会更大。

需要再推你一把吗？现在假设你整年因折扣省下的钱有1000欧元。每年把这1000欧元以年报酬率5%进行投资，10

年后，你会拥有 13,206 欧元。

“能砍下多少价钱？议价的最大限度是多少？”

谈判的成功或失败取决于太多因素，我无法明确地回答这个问题。先以几乎一切都可协商作为原则，接着要明白协商是微妙的游戏，交易是否成功全靠人际关系。

即使双方都有一致的好处来达成交易，你绝不会知道对方脑子里在想什么。他可能很急，或者他晓得自己开价太高，保留了协商空间，或者他的妻子拒绝任何议价。不可能知道卖主的想法和他的上限，假设他真的有想法，显然不可能摸清楚。

对价格的共识来自相近的估计，通过妥协、双方的意愿，特别是紧急程度。如果我再回到之前银行拒绝贷款的例子，房屋开价是 40 万欧元。我让卖主晓得我有意购买，但是没开价，经过考虑后，我准备出价 35 万欧元。但是卖主出其不意来我家拜访（我家离他家只有 500 米），我心想他一定非常急于要卖。最后我开价 28 万欧元，他立刻接受。我后来才知道对方半年前在布列塔尼半岛买了房子，他无法同时负担两份房贷。

别以为我无往不利。我常常因为开了太低的价钱被撵走。不过我说过，你不需买下整个区域的房子，只要作成一笔交易就足以让你持续致富。

我也可以告诉你，跟个人谈判会更为困难，因为他们不习惯做交易。他们常常采取守势，一旦觉得出价太低，即使价格合乎行情，他们也很容易不快或动怒。这就是为什么我喜欢通过中介公司买房，而靠自己卖房的原因。

谈判的对象

谈判要成功有一个不可或缺的条件：

对方必须握有做决定的权力。

状况要是相反，你等于浪费时间。这就是你从来无法跟超市收银员讨价还价的原因。另外，你的谈判对象不需要是物件的持有人。还有，他越是置身事外，你越有机会得到满意结果。我来说一个交易的故事，证明这个观点。

1995 年，我偶然遇见一名英国人，称他为山姆吧。他三年来不缴房贷，基于不明的原因，银行没扣押房子，而利息不断累积。山姆想回到英国生活，卖掉房子偿还债务。他没找到买主，我提议由我买入，条件是由我来跟银行谈判高达 250 万法郎的债务。银行工作人员大吼大嚷后，我成为房子的主人，只付了74万法郎，在公证人那里签约的隔天，我以200万法郎转手卖出。

“银行为什么接受这样的低价？”

除了银行肯定会弥补这一损失外，想必是因为负责这个案子的人想尽快结案，因为他有决定的权力，而他又不想在这件事情上消耗精力。对他而言，这是例行公事，而不是有游泳池的90坪的房子。

我为了让提议被认真看待，让机会站在我这边，我得照规定来，所以我雇用律师，由他代表我联系贷款银行，寄出我的提议，连同一张由我的银行认证过的支票。我确实认为是这种正式方式，特别是支票，让银行做出决定。你证明你有能力付款时，你就会把卖主的底线往后推，更容易达到目标。所以我要再大声疾呼一次，卖主并不知道自己能降到多低。

另一个谈判的方式是一贯出远低于卖方售价的价钱。我至少认识一个人他是这么做的。他整天待在中介公司，看20间公寓。他做出选择，出价时把售价砍一半，然后成交或破局。我得承认他的方法有效。当然，他的成功率相当低，但是他又买不了所有房子，不需要每位卖主都答应。以我个人而言，我不喜欢和个人卖家玩这个小游戏。相反的，如果我面对的是大机构，比如银行，我会尽情玩得过瘾。

不要浪费时间

白白浪费时间和精力的最好方式，是试着跟不准备让步的人谈判，他想要一切或是有不切实际的期待。我举一个小故事为例。我家附近有栋房子要卖，售价是 15 万欧元，被第一组客人马上买走。隔壁房子的房主看到后，也出售房子，几乎是一样的房子，找同一家中介公司，售价是完全超乎现实的 32 万欧元，同时大嚷自己一点也不急，不会降价一毛钱。尽管中介公司尽力说服，他仍坚持己见，不接受更低的出价。过了两年，房子还没卖出，再也没有人去看房。中介公司有其他事要做，没时间再搭理他。

保持积极态度

谈判的阻碍通常来自我们先入为主的负面想法。事先认定自己办不到，你会尽一切努力不去办到，最后你自己先气馁，连尝试都不去尝试。

尝试机会不表示会达到目的，但是……

如果不去尝试，永远也不会知道能得到什么……

我从经验得知，这些先入为主的想法只是主观判断，筑起你自己的心理栅栏。让我再告诉你一个状况对我并不有利的实例。在我开始写这本书到将要完成的期间，我为了遵照收入管理计划（见第二章），我成功地让房租减少 8%，也就是一年 3000 欧元。我的邻居住同样的房子，月租比我的多 200 欧元。我只以房租太贵为理由展开谈判。因为我已经住在里头，签了合约，房东没理由给我这个优惠。我首先得到的答案是不行。可是我还是再次提起，宣称房租不降就要搬家，同时提醒房东，他的房子在我搬来前空了一年，而且他清楚我的付款能力，结果我的月租减了 250 欧元。

再说一次，你并不晓得对方的底线和动机。除非你能读出他的心思，没去试以前绝不会知道结果。在大部分的例子里，只需要开口问。

如何谈判？

虽然这个题目很大，但我可以提供几个自己经常使用的

诀窍，由你根据情况自行调整。

尊重对方。在谈判时，要求的形式肯定比内容重要，这是人际关系使然。如果你激怒对方，他可能对你的要求听而不闻。如果你一到场就说“这部车不怎么样，可是我希望你给我七折折扣”，那么你很难有机会让业务员对你有好感。

避免由自己先提出条件。这不是容易的事，你有时得刺激卖方。借口价钱超出预算，要求他尽可能降价（理由要说得通，不然不会被当真）。如果对方要你提出建议，表示有协商空间，但是你不清楚对方底线。假如他给你另一个价钱，不要立刻接受他的第一次提议，你还有可能杀得更低。

回敬同样问题。我跟公司供货商常使用这个技巧。我不直接谈价钱，而是问他们要拿到10%或20%的折扣得达到什么条件。以这种方式，我强迫对方透露他的底线，给我新的谈判基础。

要求优惠。不管你是否获得更好的价钱，谈判要求优惠。要求你的银行降低贷款申请手续费，或是向汽车业务员要一台更大功率的收音机。思索一下，你就可以找到要求的东西。你甚至可以问业务员，如果你迅速下决定，他能给你什么礼物。

建议：业务员、销售员的工作是贩卖和协助你购买。他们习惯协商也被教导协商。所以，别迟疑。不过，他们是和你、我一样的凡人。如果你变得太坚决或不尊重对方，你有可能惹恼他们，最后什么也得不到。你可以带着微笑要求你想要的一切，但是不保证一定如愿。所以，礼貌地提出要求，不要显得咄咄逼人。

结束这章以前的最后一个建议。协商是细腻的游戏。不管你是卖主或买主，如果你是起头的一方，你没达到目标，要给自己留下重新再来的可能性。如果你以完全不可改变的姿态关起门，截断了沟通，你很难以同样的可信度重回游戏。

11

轮到你大展身手

11

轮到你大展身手

这些人并非那么难搞定，

啥都不做才让事情变得困难。

——电视上的一位朋友

所有的人都该是有钱人，包括你！请相信没有人比你优秀，没有人比你聪明。我再重复一次：没有人比你优秀，没有人比你聪明。然而，大家缺乏信心而且不行动的原因之一，在于缺乏理财成果和成效。他们最后产生自卑感，确信别人比自己优秀。听我说，事实远非如此。

看看你周遭，平日的生活，最微不足道的行为，你和家庭

亲友或工作圈子的人际往来，你真的觉得自己逊于公司同事、堂兄弟和朋友吗？从任何方面看，我们都是平等的。然而，一旦需要行动和投入，一些人心生疑惑，认为自己比其他人差劲。摆脱这个想法，这是会行动的人和从不行动的人之间的差别。仅此而已！

你想知道我如何真正致富？为什么致富吗？

1. 我总是相信自己，因为我总是认为，如果他有办法做到，我没有理由做不到。这个重复主题不只适用于致富，也可以用于平日生活的任何事。

2. 别人还在纸上谈兵时，我已经付诸行动！

你觉得这难以做到，或是难以模仿复制吗？

本书提及的所有观念和策略大部分都是可做的事，只要你开始运用！我努力揭露其中奥秘，因为它们是通往财富和富裕未来的真正跳板。这些法则简单、有效也易于操作。每个法则都来自我的观察、经验，以及我拿上百位富人和穷人交相对照的结果。这些法则已经经过了实验和证实。它们对别人有用，对你也有用，只要你去实践。

不过你得知道真正能让你致富的唯一一件事不是决定去做，而是真正去做。只有行动能让你致富，而不是意愿和决心。

我建议你这么做来达到目标:

第一阶段:
先支付给自己,启动致富自动机制

如果你只想从本书记住一件事,那就是先支付给自己,不管状况、环境、收入多寡,这该成为你的首要之务。它的好处很多,不仅可以预防突发状况,买下一些心安,还可以打造未来和财富。

即使你明白这个道理,也理解其中好处,但我认为这肯定是最难实现的事。为什么?就因为每月固定存下一部分收入需要严格纪律,这可不是简单的事。

即使你晓得这么做能带你走向美好未来,但如果你没有真正想要致富或改善生活的意愿,拿到每月的薪水时,你仍会找到理由把致富计划延迟到下个月再开始。我们后面会提到一个工具可帮助你每个月放心存钱,但之前我想再给你额外的几个理由,帮助你走上正确方向。

问自己下列问题:谁是帮你优先致富的对象?你的邻居?你的老板?还是你自己?如果你碰上麻烦,谁会来帮你?超市的收银员?租给你公寓的房东?

你是优先中的优先。

如果你同意这句话,先支付给自己,尽一切努力做到。现在就做,而不是明天。

为了更能说服你,我想给你看先支付给自己时的现金流。图表九代表创造财富的理想现金流。你先支付给自己,你给予自己优先,接着是必需品,最后才是非必需品。目标并不是取消非必需品(通常是娱乐部分),而是尽可能先关注你的未来,有效管理你的收入。

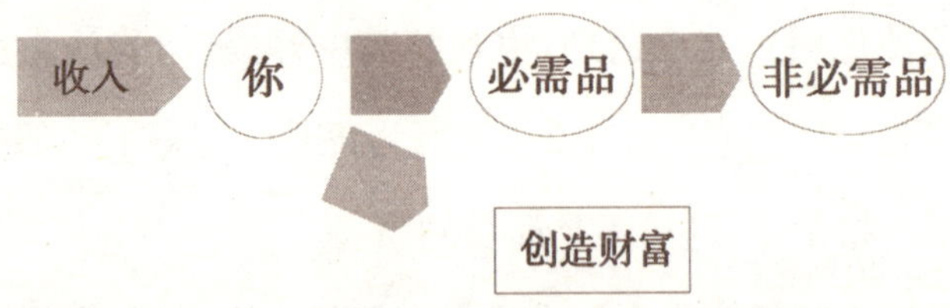

图表九:先支付给自己和创造财富时理想的现金流

现在来看看图表十,它表示最后才支付给自己的现金流。优先支付给负债,而储蓄被放到最后。

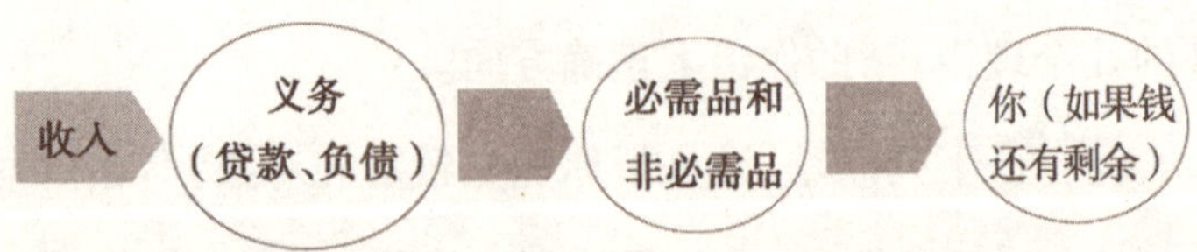

图表十:最后才支付给自己的现金流

别低估这两张图表显示的信息，它们不只告诉你为什么一些人可以致富，而其他人永远也办不到，同时又希望第三人（比如政府）在适当时候予以照顾。

再回到每月先支付给自己的困难度，我建议你开始我所称的“自动机制”来解决这个问题。

你越让任务自动化，你越不用自己操心，在你该行动的时候，越没有理由改变心意。每次使用这一自动机制，你可以省下时间，往前迈进一步（低付出高收益）。机制一旦启动，你养成每月存款习惯，很容易为理财加分。

你应该跟银行拟定一个自动机制。手续很简单，放下本书，拿起电话打给银行，要求它每个月从你的薪水中自动拨款 10%到 15%到你选择的投资产品。每个月扣除你应付的贷款是同样的机制，要求你的银行帮助你先支付给自己。

购买资产的贷款是很棒的自动机制，因为它创造良好的义务，迫使你随着时间致富。

买入一幢公寓也一样。要你的房客直接把房租汇入你的户头。最理想的是和他约定自动扣缴。你不需要再等待他的支票，不过你还是得确认房租确实汇进户头。

第二阶段:大清扫

你先得确切知道自己所在的位置再开始致富和决定目标。你如果没经历这个阶段,你完全不清楚自己的可能性。你同时会发现，我为什么说你得在第一个阶段先支付给自己，而不是在大清扫之后。原因很简单:你动用账户里金钱的风险减小,另一方面,你势必得用别的方式以免透支。

在开始行动以前,用表列出你的状况。列出你的所有收入,特别是支出,把目标定在卖出负债、尽可能买入资产上。

清偿贷款。为了清算你的账户,第一件要做的事是清偿你用来购买负债的贷款,手段包括变卖你的住房。即使你要为此而勒紧裤腰带过日子,但是很快你就能翻身了。无论如何你都要尽快偿还完债务,因为你拖得越久,就要付更多的利息给银行。债务还完后,你的生活变得更容易,你的购买力和投资力也会因此而提高。你再一次打电话给银行,请他们结算所有透支金额,然后就不要再打电话给他们了。我肯定银行会惊喜,即使他们不能在你身上再多挣利息了。但毫无疑问你还会在需要时向他们贷款。

清空橱柜和阁楼。你无法想象自己所囤积和不再使用的东西有多少。如果你曾经搬家,你会发觉搬到新家后,没拆箱的累积东西有多少。

假如你想得到一些现金来偿还贷款，或者只是开始储蓄，把所有你用不到或者不再使用的东西卖掉。停掉没用的杂志订阅、会员，出清旧书，整理清空仓库。利用拍卖网站或是旧货市集来卖掉不要的电话机或是已经不合身的小孩衣服。如果你跟我一样认为汽油越来越贵，你甚至可以考虑换车。寻找、挖掘，问自己这些东西的真正用途。你会惊讶地发现橱柜里躺了多少闲置的东西。即使卖掉不用的东西顶多赚到几百欧元，还是去做吧。把从来不用的锅子换成现金总是有利得多。

辨别资产。现在瞧瞧你的资产。首先确认它们是否是真正的资产，确认它们带来的利润是否高于通货膨胀率(时间价值)。如果不是这样，看看是否有别的方式能让你的钱生出更多钱。如果你的储蓄主要存在银行，留下短期基本开销的金额，把多余的钱投入获利率更高的投资工具。

别因为你对一个投资生腻，或者你找到其他获利更高的产品，就轻易中止。报酬率通常年年不同，你绝不会事先知道接下来一年哪种投资的获利较高。如果你坚持要中断一项投资而转入另一项投资，你得考虑所有相关费用：解约费和新投资的开户手续费。

欣赏东西的价值。现在鉴定你的所有花费。将它们分为两类:必需品和非必需品。评估每个东西的价格和实用性,问自己花费的金钱是否真正发挥价值。你肯定会惊讶地发现,跟某些东西带来的乐趣或是实用性相比,你为它们付出太多钱。在现今的电讯时代,这是常见状况。手机和网络的出现,给我们的生活带来额外花费。我不是说得拒绝科技,完全相反。不过科技需要费用,这是几年前不需付出的花费,你现在得管理并欣赏它真正的价值。

等检视了所有花费,你只剩下以必需品为基础拟定预算,而不包含非必需品,同时将先支付给自己视为你的第一优先(我晓得,我坚持),而你的目标是拥有结余来购买非必需品,将它们视为你努力理财的报偿。

我稍谈一下预算。管理预算需要纪律和坚定。我从经验得知,极少人能够真正长期写航海日志。即使你拥有意愿,你认为你有办法坚持不懈地记账吗?你过了一段时间就会受不了,请放心,这不是严重问题。你跟90%的人一样,我也包括在内,宁愿把时间花在做别的事上,而不是记账。

但这不应该是不理财的借口,你只需要按照自己喜欢的方式去做。最后,管理预算的方式是:不要管理!你可以做的是不要透支账户、优先支付必需品、定期检视你的户头余额。

第三阶段:投资

在投资领域不只有一种方案,而是有数不胜数的多种方案。你的选择可根据自己的偏好、家庭状况、经济状况,特别是你对风险的厌恶程度而确定。所以适合我的投资不一定符合你的个性,因为我们的感觉和情况大不相同。

不过,还是有两个大方向可供你做出选择,你得视本身状况做调整。

第一方向:不管你的年纪大小,如果你没有或几乎没有负债或家庭花费要承担,你最好以风险为代价换取高报酬率。如同所有其他可能性一样,我建议的方案可以并用或分开运用:

- 使用平均成本法,把储蓄投资在SICAV基金或股票型基金。安排自动扣款,每月定期定额投资。
- 运用长期贷款购买土地。如果是建地,看看是否可以将它划分为几块,分块出售。或是买下农地,依照必要程序将它变更为建地。在购买之前先确认可行性,也得知道改变土地用途可能要花上数年时间。这项投资的报偿将远远高于时间价值。

• 购买不动产。选择主要根据你的状况而定。了解市场行情，计划购买自用住宅或是以租养贷（请见第五章不动产“收入不够该怎么办？”）。如果你已经拥有房子，买入出租用的公寓或是停车场，得看你希望投资的金钱数额。

第二方向：根据你必须承担的责任而定，或者你无法忍受的风险：

• 选择保险之类的投资，拥有固定报酬率，并且资金有担保。

• 如果你是双薪家庭，用储蓄的三分之一购买基金或股票型基金。

• 如同上述的方法，考虑购买自用住宅，或是投资在租赁用的不动产。

最后，绝不要忘记用前面提过的法则保护你的资产，这样可以避免让你数年的心血和财富付之东流。

现在该不该投资房地产？

我这里想附带一提，现在房市飙涨，因此怀疑现在是否是合理的投资时机相当合理。为了避免犯下代价高昂的错误，你得采取几种预防措施。除了购买自用住宅以外，主要的条件是年租金收入和房价对照的获利，把公证人费用也算入。你如果是买新房，报酬率至少要有 5%，旧房的话至少得有 7%到 8%(别忘了算整修费用)，在计算报酬率时，也别忘了把可以享有的税收减免算入。这个筛选让你不至于在房市飙涨时期以过高价钱买入。

另一个降低风险、提高获利的建议：尽可能少付自己的钱，尽可能运用别人的钱，不管是房客或是跟银行全额贷款。我可没说这么做轻而易举，但是可能的报酬是你奋斗的最好理由，更何况你可以把风险降到最低。这个可能性依照市场状况而定，如果房市活络，银行容易核贷。如果房市萎缩，银行变得更为审慎和胆怯，你借贷的困难度将会提高。除非你跟银行关系良好，它信任你。

挑房时尽可能套用此公式：房租 = 贷款月付金，把节税金额算入。比如，你的贷款月付金是 700 欧元，房租是 500 欧元，每月税金减免 200 欧元，你的等式成立，符合条件，你大有获利空间。你不只可以降低风险，还可减少为致富所付出的努力。用这种方式的话，你可以找到的对象显然较少，但是它们都有绝佳的自动偿付力。

再加一点努力

你就是有钱人了！总之已经差不多是。你已经晓得如何致富，可是要让你的致富梦想真正具体化，你还得克服下列几个障碍。

害怕赔钱肯定会引起疑虑，并且是阻止我们行动的最主要障碍。这也是为什么某些人永远也无法成为有钱人。他们的恐惧远大于致富的动力，他们从来不做任何对未来有利的事，他们只专注在恐惧上头，他们只看可能赔钱的原因，而不看能够赚钱的方式。恐惧瘫痪他们的行动，他们从来无法对自己提出好问题。

恐惧令我们盲目且封闭眼界。

两件事导致恐惧：

- 对打算投资的领域缺乏认识或掌控。
- 风险过大或是投资金额太大。

关于缺乏知识部分，如果你不晓得自己在做什么，或是不熟悉投资标的，你正确利用目标的可能性小之又小。你只是持有让你难以成眠的担忧，这份恐惧令你在该下决定时不敢行动。

至于风险部分，你得接受风险跟投资密不可分。这表示，为了不心生恐惧，你得依照自己经济和心理可以承受的程度调整投资金额。

恐惧和风险一样是投资的一部分，绝对无法排除。不是因为你害怕所以会赔钱，也不是因为你自信满满就一定赚钱。我甚至会说状况完全相反：太过自信可能消灭谨慎，而担忧令我们更留心。

风险是未来，也就是未知的一部分，你得学习管理风险，并依照感觉调整，你的投资应该是自己个性的反映，而不是来自别人的看法。说自己心态保守，难以接受风险没什么好丢脸的。因为你违背自己的信念而赔钱，这才是可笑的事。

请相信我，如果你不接受赔钱的可能性，你就永远赚不了钱。我已经证明潜在报酬率越高，风险越大。因此别恐惧，将风险控制在一定范围内。在投资高报酬率产品时，慢慢来，建立起自信。

没有时间。有些人因为没有时间或是认为太费力就不投资。致富当然需要个人的投入，但是跟可能的报酬相比，花费的心力微不足道。如果你啥都不做，钱不会凭空而降。只有行

动能让你买到梦想中的房子、大汽车或是到巴哈马群岛度假。

我认识不少人,他们只关注平日的安适生活,从不想未来。你如果知道这些人有多少恐怕会大为惊讶。我来告诉你一位邻居的小故事,我可是冒着日后去度假时她不愿帮我照顾猫咪的风险。

不工作的C女士刚买进一间公寓作为投资之用。她抱怨买房子花时间:银行花了两天才处理好贷款,花了两天在公证人那里签各种文件,最后花一天购买一年后就打算卖出的公寓。她很不满,因为她花了5天时间来买一间15年后值20万欧元的公寓,而购买公寓的钱一部分来自银行,其他由房客用税金支付。她花5天时间就开始致富,赚进20万欧元(清偿所有贷款后),而她还为此发牢骚。每天等于赚4万欧元!

有些投资显然要耗费更多时间。如果你希望在致富上花费较少的精力,把钱放在银行生5%的利息,等待退休。如果你积极一些,准备好要花点时间,选择过去几年有亮眼表现的股票型基金或SICAV基金,或是买入合乎条件的公寓,寻找最好的贷款利率。如此一来,你可以提早5到10年退休。由你做选择。

投资顾问又不是掏腰包的人

最后一个要克服的障碍是你周遭人的影响，特别是所谓的财务顾问，而他们从来不是出钱投资的人。

当心你周围的人，别把他们的意见放在心上。我不是说他们的建议或提醒是故意要阻止你(没错！有些状况的确是这样的……)，而是他们可能传达他们对投资的恐惧(你自己已经够提心吊胆)、无知轻信、嫉妒，有时是他们的自大。

我来说完11.75%报酬率的投资故事。我发现这些债券后，我建议一位朋友也买进。对方习惯将钱放在银行生5%的利息，他一开始先对报酬率心存怀疑。我告诉他运用杠杆操作可以获利18%，他以为我异想天开。即使把银行的文件展示给他看，他还是不相信我。为什么呢?

- 他不晓得什么是债券和债券运作的方式。
- 他对杠杆操作一无所知(我甚至不晓得他以前是否听过)。
- 他难以承认自己一无所知，不敢坦然承认。

结论：要懂得考虑或忽略其他人的意见。观察这些忠告者的反应。试着去辨识他们的反应是否藏着恐惧，或者他们试着把个人观点强加在你身上，而不是考虑到你的利益。特

别要确认他们是否懂得谈论的主题。做出结论，得出客观的意见。如果你让自己受到影响，你只是分担他们的疑惑。

他们是怎么做的？

那些可能让我们怀疑自己致富能力的人，那些让我们相信自己逊于别人的人，来自对财富表象的观察。我们看他们开大车子，自豪地在餐厅掏出信用卡付款（当然是金卡）。听我说，这一切通常远非现实。许多人经济宽裕，可是在真正富有以前选择装作有钱人。我要说的是，邻居的大车子不该让你歆羡。这部车子通常属于银行（借贷）或是他工作的公司。要懂得不要以财富的外表征象为荣。这些东西很容易靠消费性贷款获得，难以偿还（你已经晓得原因）。它们只是用来打造外在形象，或是满足自尊，却不一定是持有人银行户头存款的真正反映。相信我，你可以致富，做得比许多人好。

你最好的投资：学习再学习！

你先支付给自己以后，你的首笔投资应该用在财务教育上。这是你能做的最好的一件事。培养知识，借此扩展前途。

你越熟悉投资目标，你越有机会致富，越能抓住出现的机会。如果你一无所知，你什么也不会做。假如你不能辨认出好交易，不晓得如何支付，那么它会白白从你眼前溜走。

去学，因为你不知道……自己还有不知道的事！

学校从来不教授金钱知识，但如果你自己补足知识，你将能扩大世界观，为自己铺下数条成功之路，在时机到来时更可能成功。

别犹豫搜集资料、阅读、看展览、参加课程、参与研讨会、上网。没有任何限制，而且学习的机会越来越多。

如果你对一项投资感兴趣，最好的方式是找曾经投资相关领域的人咨询。他们更能准确回答你的问题。别以为他们拥有不愿分享的秘密就不敢提问，完全相反。以我自己为例，我家族的人看到我致富，可是从来没人来问我如何买入第一幢公寓，或是我为什么买股票。他们只是看着一切过程，也许认为我的运气好。

事实上，我从来没打算骗人。唯一敢问这些问题的人是我的女儿们。她们发现朋友住的房子没我们大，或是没我们这么常去度假，她们开始问我。

虽然她们还是学生，但她们已将储蓄投入股票型基金，

一有机会就再买入。最惊人的是，她们的储蓄比就业好几年的人还多。别以为是我把钱存进她们的户头。她们拥有的钱来自当保姆之类的打工，或是过生日时祖父母给的钱。我只是给她们零用钱以及提供教育。

你会对我说："对她们来说很简单，因为她们有你随时支持。"是没错。但是这证明你的致富或是你孩子的致富跟你给的教育有关。如果你没有给他们不同的金融概念，你跟学校没两样，他们永远学不到金钱知识。

我忘了一件重要的事

我真心希望本书给你的乐趣跟我书写它时一样多。假如你认为它真的给你带来收获，别犹豫把它当礼物，把你学到的一切分享给亲友。如果你能告诉我感想我会觉得高兴，我也强烈邀请你到我的网站来分享你的经验。你在上面会看到其他例子，帮助你走上正确方向，避免犯下某些错误。

你得相信致富本身一点也不坏。你对财富的使用方式才重要。依照你做的决定，你可以帮助其他人改善未来，给孩子更好的将来。依我个人之见，这是唯一重要的事，其余一切不过是无谓琐事。没有孩子以前，我寻求致富是为了独立，尽情过想要的生活。等孩子出生以后，我希望女儿们过得幸福，不用替未来操心。

写到这里，我发现忘了告诉你一件重要的事：先支付给自己。

鸣 谢

我真心认为,编撰一本谈及人们生活的书不可能是一个人的成果。所以我想要感谢所有给我建议和批评的人,特别是依莎贝拉、史帝芬妮、维若妮卡、娜塔丽、西尔薇、杰翁的妻子。男性这边,非常感谢文生和罗柏、奥利维耶、杰翁、皮耶,以及还要谢谢路克的宝贵协助。

《人人都能成为有钱人》改变了他们

欧利维埃·塞邦告诉我们真正的致富秘诀,就这么简单!人人都做得到。读这本书,遵照他的建议,你的生活将有所改变。

……………………………………………………文生·P

先支付给自己是简单概念,每个人都可以做到,它让你的财务未来大不相同。忽略这本书将是你的风险和损失。

……………………………………………………莫丽·B

欧利维埃·塞邦以简单、有趣、刺激的方式解释金钱的运作。《人人都能成为有钱人》是一本实用、巧妙的书,让你学会掌控金钱,而不是被金钱左右。

……………………………………………………皮耶·R

《人人都能成为有钱人》是惊人的一本书,几个小时就能读完,接着你可以立刻、迅速地展开致富行动。

……………………………………………………尚艾维·P

浅显、惊人的一本书，让你完全改变金钱观。精彩绝伦。

……………………………………………………………艾乐莎·Z

谢谢这本书给我上了现实的一课，它证明致富是付诸行动的结果，我们所有人都有机会改变命运。它是人人都该拥有的一本书。

……………………………………………………………皮耶·O

我们总是认为有钱的人才能致富。但是本书清楚地证明人人都可拥有财富，只需要在行动前多想 30 秒。文笔浅显易懂，内容富有教育性。太棒了！

……………………………………………………………凯瑟琳·P

棒极了！我兴致高昂地读着本书。恭喜！它具有领先趋势，深富启发性，而且读来愉悦。再一次恭喜！

……………………………………………………………亚历山大·C

所有人都该读读本书。我两个小时就津津有味地读完。文字浅显明白。我唯一的遗憾是没有更早地发现它。

……………………………………………………………帕斯卡尔·B

你的书该被列为学校的教科书。这是一本条理清楚、富有教育性的杰作。谢谢你!

……………………………………………………………杰翁·D

你应该把这本书命名为《不懂财务也能致富》。棒极了,是许多人应该一读的好书。

……………………………………………………………贾克兹·B

读来轻松,而且深富启发性……任何想有效理财和致富的人都该买一本。它是英文出版界和法文出版界最好的理财书。毫无赘言,字字珠玑。恭喜你写出这本杰作,我会跟亲朋好友推荐。

……………………………………………………………赛巴斯丁·C

你该早点写这本书!它正在彻底改变我的金钱观,特别是教我学习如何理财,给我许多启示。往好的方面看,金钱发挥作用的事这么多,我们的观念却通常是错误的,我们没做对自己有益的事。

……………………………………………………………布鲁诺·E

会员服务卡

感谢您对“舵手”图书的认可与支持！当您购买了“舵手”系列图书的任何一本书后，请将本服务卡片邮寄给我们，您将立刻成为我们的注册会员，享受折扣、回馈、快讯、读友会活动等会员权利和服务。也可发电邮至：dsbook88@gmail.com。

为了更详细地了解您的阅读需求和习惯，我们正在进行读者调研。您的每一个建议都可能成为我们策划选题、编辑图书的依据。我们也会根据您的意见改进我们今后的工作。请您参与，感谢您的智慧分享！

··························请 您 参 与··························

1. 您购买的图书是 ______________________，时间是 _______ 年 ____月。
2. 您是通过何种途径知道和购买这本书的？

   □他人推荐 □逛书店 □机场 □报纸、杂志 □网络 □邮件信息
3. 您当初是怎么决定购买这本书而不购买其他书的？

   □这本书宣传很多，好奇，想看看。

   □翻看了内容，觉得确实不错。

   □看到报纸杂志上的书评，觉得挺有意思。

   □了解这个作者，看到他的书不错就买了。
4. 这本书哪里最吸引您？

   □书名 □目录 □封面装帧 □作者 □内容
5. 这本书您认为最不好的地方是？

   □书名 □封面 □内文版式 □内容 □定价
6. 您认为本书哪部分写得最好？您的评价是 __________________________。

7. 您认为本书内容还有哪些地方需要改进？

······················您的资料······················

姓名：__________ 性别：_____ 出生年月：______ 年 ___ 月

工作行业：_____________ 职务：____________

兴趣爱好：__________

通信地址：___________________________________

邮政编码：__________ 手机：______________

电子邮件：_____________________

······················联系我们······················

地址：北京市朝阳区六里屯丽水嘉园 5-2401

邮编：100025 邮箱：dsbook88@gmail.com

电话：010-51398731（兼传真）

登录人人网，参与“舵手”图书《人人都能成为有钱人》互动

人人携手，共享精神财富

www.renren.com